나는 매일
공자와 함께
출근한다

친절한

공자의

인생독경

나는 매일 공자와 함께 출근한다

AM 07:30

신도림역 1번출구 일사동기 공자씨를 만나러 간다

친절한 **공자**의 **인생독경**

한정혜 편저 / 이준엽 옮김

오늘의책

치열한 삶의 순간마다 논어의 지혜를 떠올려라

차례

머리말 _ 11

1강 인생, 그 환승역에서

인생에는 경계할 것이 세 가지가 있네 _ 21

무턱대고 용서하는 건 정의가 아니지 _ 26

대국적 견지에서 인생을 보게나 _ 32

자네는 자네만의 한계선을 갖고 있는가 _ 37

命(명), 禮(예), 言(말)을 기억하게 _ 41

마땅히 받아야 할 것은 거절하지 말게 _ 44

사람은 혼자서는 살 수 없지. 암, 그렇고말고 _ 48

서로 잘해야지, 한쪽만 잘해서는 소용없네 _ 54

명예가 가면 그 뒤에 이익이 따라간다네 _ 58

모든 일에 '적절함'을 생각하게 _ 62

평화로운 세상을 꿈꾸는가 _ 66

위기가 닥치면 안(內), 나(我)를 먼저 보게나 _ 70

2강 성공, 그 순환선에서

얽매여 살지 마시게 _ 77

도저히 참을 수 없으면 떠나게, 미련없이 _ 83

스펙보다 더 중요한 건 말일세… _ 87

다수결의 맹점을 고려해야 하네 _ 91

하늘은 떡을 그냥 주지 않거늘 _ 96

능력 있다는 거 알지만 드러내지 말게 _ 100

자기가 어떤 사람인지, 자네는 아는가 _ 105

안타깝지만, 말솜씨가 좋으면 유리하긴 하지 _ 111

좋은 말로 적당히 넘어가기도 해야지 _ 115

문제는, 거리를 얼마만큼 두느냐지 _ 119

말이란 건 때와 장소가 핵심일세 _ 122

관심이 지나쳐 참견이 되면 화를 입는다네 _ 126

오래 생각한다고 올바른 결정을 내릴 것 같은가 _ 130

3강 사람, 그 종착역에서

올해 자네 부모님 연세는 어찌 되는가 _ 137

이왕 사는 거 큰 꿈을 갖자고 마음먹었지 _ 141

베스트 사위 감별법을 알려줌세 _ 146

뉴스에 난 자들을 보면, 우선 자신을 돌아보게 _ 152

사람을 키우고 싶은가? 장점을 먼저 보게 _ 157

출세한들 그것이 효인 줄 아는가 _ 163

사람을 사랑하고 사람을 안다는 건 말이야… _ 167

군자란, 요즘말로 '제너럴리스트'지 _ 172

이 사람아, 타고난 능력을 탓하지 말게 _ 177

아는 만큼 보이는 법이지 _ 181

아들이 아버지를 고소하는 게 어찌 '정의'겠는가 _ 184

눈 내리는 날, 땔감을 주는 친구를 곁에 두게 _ 189

경쟁 상대는 포용하라고 있는 거네 _ 193

4강 일상, 그 콩나물시루에서

매일 하루를 돌아보고 있는가 _ 199

버릴수록 얻는다고 아무리 말해도 모르지 _ 204

먹고사는 일이 힘들겠지만 의연하게 _ 208

요즘 어떤 음악을 들으시는가 _ 214

왜 이렇게 말을 어렵게 하는지 원… _ 219

읽으면서 생각하고 생각하면서 읽게 _ 222

누구를 위해 공부하는가 _ 226

날마다 달마다 달라지는 자신을 꿈꾸게 _ 230

이런 사람과는 인연을 끊게 _ 234

공부의 핵심은 바로 이것이네 _ 238

함부로 장담하지 말게 _ 242

삶의 명징한 지표를 만나다

어느 해 가을, 나는 산시 성(山西省) 다이 현(代縣)의 공자묘를 방문했다. 신저우 시(忻州市)의 여행 가이드북에는 다이 현의 문묘(文廟)가 화베이(華北) 지역의 중요 유교 건축물 중 하나라고 나와 있었다. 당나라 때 처음 세워져 명나라 때 중수했는데, 오늘날까지 보존된 것들은 대부분 명대에 중수한 건물이다. 다이 현의 문묘 건물군에서 가장 특색 있는 부분은 지붕 꼭대기를 장식한 진남색 유약기와였다. 가을 햇빛을 받아 사방으로 은은한 남빛을 흩뿌리는 유약기와를 바라보고 있노라니, 세워진 지 이미 오륙백 년이 지난 유적이라고는 도저히 생각되지 않았다. 그러나 찬란하게 빛을 발하는 유약기와와 달리 문과 기둥에는 이 건물군이 겪은 세월의 흔적이 뚜렷하게 새겨져 있었다.

대성전(大成殿)에는 공자와 직계제자, 그리고 다음 세대 제자들의 위패가 모셔져 있었다. 필자는 복잡한 감회를 품고 대성전 안으로 들어섰다. 대성전 내부는 썰렁했다. 방석 위에는 먼지가 뽀얗게 쌓여 있었고 향로에는 향을 피운 흔적을 찾을 수가 없었다. 사람들로 북적이던 우타이 산(五臺山) 불교사원의 번화한 풍경과 극명하게 대비되는 장면이었다. 막 문을 나서려는데, 대들보 위에 앉아 있던 새가 밖으로 포르르 날아가면서 깃털 몇 가닥이 땅바닥으로 떨어졌다. 사람들이 돌아가고 대성전의 문이 잠긴 후 이 작은 새들 몇 마리만이 선사를 곁에서 모시는 셈이었다. "예로부터 성현은 모두 말이 없나니"*라는 시구가 설마 공자의 운명을 노래한 것이었던가?

필자는 《논어(論語)》와 《사기(史記)》「공자세가(孔子世家)」를 읽을 때면 가슴이 두근거렸다. 공자라는 현자(賢者)에게 편안하게 다가가 함께 웃으며 이야기를 나눌 수 있을 것 같고, 매사에 사려 깊게 행동했을 것 같은 그에게 깊이 감동하지 않을 수 없었다. 한편으로는 《논어》를 읽으며 필자 스스로 깨달은 바가 있어 즐겁고 만족했으며, 다른 한편으로는 공자를 원망하는 마음이 들곤 했다. '당신은 왜 더 많은 말씀을 남기지 않으셨습니까? 명료하게 설명해놓지 않으신 문제들이 얼마나 많은데요. 또 당신의 저작에서 찾고 싶은 해답이 얼마나 많은데요.'

필자는 제자를 다그치는 공자의 모습을 그려본다. "일처리의 원칙과 방법은 내가 모두 가르쳐줬지 않나. 이만큼 잔소리를 했으면 알아듣고 제대로 실행해야지. 이 친구, 너무 게으르구만. 인생길은 자기가 알아서 찾아가는 걸세. 내 가르침은 삶 속에서 검증하라니까. 아니면

---

* 이백(李白)의 시 〈장진주(將進酒)〉에 나오는 문구.(옮긴이주. 이하 모든 각주는 옮긴이주)

집에 가서 〈즐거운 삶의 현장(快樂生活一点通)〉**이나 보게!" 이렇게 호통을 치고 손을 내저어 제자를 쫓아내고는 자신이 좋아하는 거문고를 연주하며 즐겁게 시간을 보내는 모습 말이다.

필자는 《논어》를 읽을 때마다 공자의 제자들이 부럽다. 그들은 진정 행운아였다. 공자 곁에 머무르면서 직접 그 소박하면서도 고상한 품성을 접하고, 나중에는 군자의 바른 기운에 감화될 기회가 있었으니 말이다. 인생에서 훌륭한 스승을 만나는 인연은 우연히 주어지는 것이지, 애써 구한다고 되는 일이 아니다. 필자가 《논어》를 통해 간접적으로나마 공자와 가까워질 수 있었던 것은 행운이었다. 그 소박한 가르침을 접하고 나면, 공자는 문묘의 높은 곳에 모셔진 조각상이 아니라 지혜가 가득하고 명랑하며 유머감각이 넘치는 마음씨 좋은 어른이라는 생각이 든다.

공자는 불우한 삶을 살았지만 자신을 다스려 평상심을 유지했고, 유머와 익살로 세상을 대했다. 현실을 피할 수는 없었지만, 불리한 외부 환경 때문에 기가 죽지는 않았다. 그는 차근차근 전진하는 정신으로 성실하게 살아나갔다.

공자는 감정이 풍부한 사람이었다. 그가 가장 사랑하는 제자 안회(顔回)가 세상을 떠났을 때는, 슬픔을 이기지 못하고 "하늘이 나를 버리는구나! 하늘이 나를 버리는구나!" 하고 몇 번이나 통곡했다. 소문난 미녀 남자(南子)와 만나게 되어 차를 마시고 대화를 나눈 일을 두고 강

** BTV(베이징방송)에서 내보내는 프로그램. 간편 요리법이나 안 쓰는 물건 재활용 방법 등 일상생활의 소소한 팁들을 소개한다.

직한 자로(子路)가 항의했을 때는, 하늘에 맹세하며 정말로 아무 일도 없었다고 거듭 항변하기도 했다. 한번은 어딘가 멀리 다녀올 일이 있을 때는 자로를 데리고 가는 것이 가장 안전하겠다며 농담을 던졌다. 자로는 그 말을 듣고 우쭐하여 스승이 자신을 눈여겨보고 다른 제자보다 총애한다고 생각했다. 그러나 사실 공자는 자로가 용감하고 힘이 넘치지만 생각이 단순하므로, 외출했을 때 말을 잘 듣고 강도를 만났을 때 호통을 쳐 쫓아버릴 수 있겠다는 생각을 표현한 것이었다.

공자는 때로 입에서 나오는 대로 헛소리를 하기도 했다. 언젠가 제자 자유(子游)가 수령으로 있는 무성(武城) 고을에 갔을 때, 그는 성 안에서 누군가가 거문고를 타는 소리를 듣고 미소를 지으며 말했다. "이렇게 인구가 적은 고을에 뭐하러 수준 높은 문화를 가르치느냐?" 그러자 자유는 정색하며 대답했다. "스승님께서는 어떤 사람이든 배우면 다 쓸모가 있다고 하지 않으셨습니까?" 공자는 약간 쑥스러워져 제자들에게 둘러댔다. "자유의 말이 옳다. 내가 방금 한 말은 농담이었다."
또한 공자는 예술적 감수성이 뛰어났다. 만일 공자가 현대에 살았다면 아마도 음악회에 자주 참석하는 음악 애호가였을 것이다. 그는 즐겨 듣는 곡이 생기면 "사흘 동안이나 고기 맛을 느끼지 못할" 정도로 몰입했다.
공자가 꿈꾸는 이상적인 삶은 소박하기 그지없었다. 점(點)***이 "늦봄이 되어 봄옷이 지어지면 어른 대여섯 명, 소년 예닐곱 명을 거

느리고 기수(沂水)****에 가서 몸을 씻고 기우제 터*****에서 바람을 쐰 뒤 시를 읊으며 돌아오겠습니다"라고 하자 공자는 감탄하며 "나도 점과 같이 살고 싶구나!"라고 말했다. 그는 '깨끗이 도정한 쌀로 지은 밥을 좋아했고, 잘게 썬 고기를 즐겼다'고 전해지는데, 우리와 같은 소시민적 삶을 즐겼음이 분명하다.

공자는 생전에 높은 벼슬을 한 적도 있지만 밑바닥 생활도 해보았다. 인생의 온갖 풍파를 다 겪은 것이다. 어려서는 아버지를 여의고 늙어서는 아들을 먼저 떠나보냈다. 중년에는 상갓집 개와 같은 신세로 제후들 사이를 분주히 돌아다녔고 만년에는 고향에 돌아와 비교적 마음 편하게 교육자로서의 삶을 영위하며 부지런히 가르침을 베풀었다. 마음만 먹었다면 공자는 자신의 지적 능력과 영향력으로 얼마든지 화려한 업적을 쌓고 부귀영화를 누릴 수 있었다. 사람을 대하는 마음가짐과 처세 원칙을 조금 바꾸기만 하면 충분히 세상의 성공을 거머쥘 수 있었다. 공자가 그 길을 선택했다면 아마 충분히 세계 정치사에 이름을 남겼을 테지만, 과연 오늘날 위대한 사상가로 남을 수 있을지는 알 수 없다.

공자 또한 사람이기에 생사의 한계를 넘지는 못했다. 공자는 자공(子貢)에게 자신을 연고지에 장사지내달라고 당부한 후 갑자기 세상을

**** 당시 노나라 도성 교외의 동남쪽을 흐르던 강.
***** 제사를 지내는 곳은 주변의 평지보다 약간 높게 쌓아 둔덕을 만들었으므로 바람을 쐬기에 적합하다는 의미다.

떠났다. 공자의 제자들은 스승을 깊이 그리워하며(공자는 예수보다 운이 좋았다. 제자 가운데 유다와 같은 인물이 없었기 때문이다.) 묏자리를 지켰을 뿐 아니라(자공은 6년이나 묘지기를 했다.) 그들이 듣고 기록한 가르침을 엮어 《논어》라는 책을 펴냈다. 오늘날 볼 수 있는 《논어》의 정본은 한대(漢代)에 수정을 거친 것이다. 《논어》는 공자 만년의 어록으로 그 가치가 영원하다.

맹자(孟子)는 공자를 칭송하면서, 일생을 참된 도리에 따라 살았고 진정으로 품성을 계발했으며 지행합일(知行合一)을 실천했다고 평가했다. 사마천(司馬遷)도 공자에게 존경과 흠모의 심정을 아낌없이 표현하며 《사기》「공자세가」에서 다음과 같이 말했다. "《시경(詩經)》에 '높은 산은 우러러보고 큰 길은 따라간다'라고 했다. 내가 비록 공자의 수준에 이르지는 못했으나, 마음속으로 항상 그를 따르고자 했다. 나는 공자의 책을 읽으면서 그 사람됨을 그려보았다."

그들이 존경한 공자는 결코 후세에 팔고문(八股文)****** 속에서 변질된 인성을 억압하는 교조적이고 경직된 우상이 아니었다. 그는 봄바람에 목욕하듯 삶 속에서 다정하게 만날 수 있는 인물이었다. 이런 참모습의 공자는 이미 시간과 공간의 거리를 뛰어넘어 인류 정신의 공통 유산으로 자리하고 있다.

우리가 오늘날 고전을 공부하고 성인의 정신을 가까이하려면, 본래의 생생한 정취와 의미를 살려내 나날이 메말라가는 마음을 풍요롭게

****** 명청시대 과거에서 사용된 특별한 형식의 문장. 경서의 구절을 뽑아 설명할 때는 반드시 이 형식을 따라야 했다.

만들어야 한다. 밤낮으로 분주한 삶에 쫓기고 욕망의 압박으로 숨이 막혀올 때면, 잠시 일상을 정돈하고 맑은 샘물이 흘러가는 소리에 귀를 기울여보자. 하늘에는 별들이 찬란하게 빛나고 지상에는 영혼이 두근거리고 있다.

서양에는 이런 속담이 있다. "1천 명의 독자가 있다면, 1천 가지 햄릿이 있는 셈이다." 고전의 매력이 무엇인지를 잘 표현한 속담이다. 마찬가지로 각자가 읽는 《논어》는 서로 다른 거울에 비치는 《논어》가 되고, 그곳에서 얻는 수확 역시 사람마다 다를 것이다. 이 책의 독자들도 바구니 가득 자신만의 열매를 거둘 수 있기를 바란다.

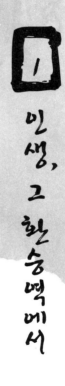

인생, 그 환승역에서

인생에는 경계할 것이 세 가지가 있네

"군자에게는 경계할 것이 세 가지 있다. 청년기에는 혈기가 안정되지 않은 상태이니 색을 경계해야 한다. 장년기에는 혈기가 강고해지니 경쟁하고 다투는 마음을 경계해야 한다. 노년기에는 혈기가 이미 쇠했으니 탐욕을 경계해야 한다."

君子有三戒 少之時 血氣未定 戒之在色 及其壯也 血氣方剛
군 자 유 삼 계　소 지 시　혈 기 미 정　계 지 재 색　급 기 장 야　혈 기 방 강

戒之在鬪 及其老也 血氣旣衰 戒之在得
계 지 재 투　급 기 로 야　혈 기 기 쇠　계 지 재 득

─《논어》「계씨편」

　　　　　　　　🌸 한 생명이 세상에 태어나 살아가는 동안에는 즐거움도 있지만 고생거리가 훨씬 많다. 왕에게는 왕 나름의 고민이 있고 거지에게는 거지 나름의 걱정거리가 있다. 결국 문제투성이 삶이라는 면에서는 정말로 누구나 평등한 셈이다.

　　공자는 사람이 연령대에 따라 마주치는 위험들을 세 가지로 요약했다. "군자에게는 경계할 것이 세 가지 있다. 청년기에는 혈기가 안

정되지 않은 상태이니 색을 경계해야 한다. 장년기에는 혈기가 강고 해지니 경쟁하고 다투는 마음을 경계해야 한다. 노년기에는 혈기가 이미 쇠했으니 탐욕을 경계해야 한다." 다시 말하면, 청년기에는 미색의 유혹, 장년기에는 권력의 유혹, 노년기에는 이해득실에 집착하는 것이다.

그런데 괴테는 "그 어떤 청춘도 되돌아오지 않는다"라는 말을 남겼고, 맹자 또한 미색을 탐하는 것은 인지상정이라 말했다. 그러니 이렇게 반박하는 사람도 있을 것이다. "공자 어르신, 젊은 시절에 사랑하는 걸 가지고 뭘 그리 시비를 거는 거요. 누구나 아름다운 이성에 끌리는 법이잖소. 남자가 예쁜 여자를 좋아하고 여자가 잘생긴 남자를 좋아하는 게 뭐 그리 문제가 된단 말이오. 우리 연로하신 공자 선생께서도 사람들이 뭐라 하든, 남편이 있든 없든 미인 남자(南子)*를 만나지 않았소. 흘깃 보고 지나친 것도 아니고 말이오. 게다가 그 사실을 사람들에게 태연히 이야기하다니."

그러나 사실 공자는 예쁜 여자나 멋진 남자를 찾는 행위 자체를 문제삼은 것이 아니었다. 단지 외모에 홀려서 자신의 주체성조차 잃어버리고 흐리멍덩한 정신상태로 어리석은 판단을 내리는 위험을 경계한 것이었다.

직장에서 업무조직의 핵심을 이루는 것은 일반적으로 청장년층이다. 이들은 험한 세상에서 오랜 세월을 견뎠고 권모술수도 알 만큼 안

---

* 위나라 영공의 부인. 미모와 문란한 행실로 유명했으며 공자를 초대해 위나라의 국정 운영에 대한 가르침을 청했다. 이 만남은 당시 제자들 사이에서도 논란거리가 되었는데, 강직한 성품의 자로는 존경하는 스승이 그런 여자를 만났다는 것을 몹시 못마땅해했다.(옮긴이주. 이하 모든 각주는 옮긴이주)

다. 그리고 이제는 조직에서 더 높은 자리에 오르기 위한 준비에 여념이 없다. 그런데 투지를 불태우며 성공을 향해 달려가고 있는데 공자라는 어르신이 이렇게 훈계한다고 상상해보자. "여보게들, 다툼일랑 그만두고 조화롭게 살아보세." 한창 앞만 보며 출세가도를 달리는 사람 중에 공자의 말을 받아들일 사람이 있겠는가? 대개는 아마도 이런 반응을 보일 것이다. "세상 모르는 소리 하고 계십니다. 젊을 때 토대를 닦아놓지 않으면 나중에 어떻게 하라는 말씀입니까?"

대다수 사람이 어떻게든 미래를 보장해줄 기반을 마련하려고 노력한다. 오늘 조금 고생하더라도, 나중에 늙어서 즐거운 생활을 할 수 있다면 감수해야 한다고 생각하는 것이다. 이런 소망을 이루려고 사람들은 모두 순리를 거스르고 사람과 싸우는 가운데** '경쟁'이라는 단어를 만들어냈다. 나아가 적자생존이라 부르는 사회진화론을 제창하기에 이르렀다. 그리고 여기서 더 나아가 그들은 모두 허세에 불과한 짓거리를 벌인다. '네가 한 달에 5천 위안을 번다고? 그럼 나는 어떻게 해서든 5천1백 위안을 벌어야지. 너희 집에 푸캉(富康)***이 있다고? 오냐, 그럼 나는 어떻게 해서든 마누라가 산타나(桑塔納)****를 몰고 주차장을 나서게 하마.' 이런 식으로 비교하고 경쟁하는 사이에 사람은 늙어버린다. 참 불쌍한 일이다. 이런 부류의 사람들은 모두 남을 위해 살고 있는 셈이다.

** 글쓴이는 여기서 마오쩌둥이 적극적 환경개선을 주장하는 의미로 한 말 '하늘과 싸우고, 땅과 싸우고, 사람과 싸우니, 그 즐거움이 끝이 없구나(與天鬪, 與地鬪, 與人鬪, 其樂無窮.)'의 한 토막을 풍자적 의미로 비틀어 사용하고 있다.
*** 프랑스 시트로엥과의 합작으로 생산된 1500cc급 소형 세단.
**** 독일 폴크스바겐과의 합작으로 생산된 2000cc급 중형 세단.

어떤 이들은 목적을 위해서 수단을 가리지 않는다. "이렇게 나와서 섞인 이상, 늦든 빠르든 대가를 치러야 했어"*****라는 유행어처럼, 한때 뜻이 맞아 어울리던 사람들이 반목을 일으키고 적으로 돌변하기도 한다. 그러나 누구든 경쟁 무대에서 퇴장하고 나면 고독하고 쓸쓸한 신세로 전락하는 것을 피할 수 없다. 또한 그 사이에 잃어버린 수많은 시간을 생각하면, 실제로는 얻은 것보다 잃은 것이 많을 것이다.

나이를 먹으면 먼 곳까지 볼 줄 알아야 한다. 은퇴해야 할 때라는 생각이 들면 곧바로 은퇴를 결행하고, 권력에서 물러나야 할 시점이라는 생각이 들면 과감히 물러나라. 역사상 권세와 지위를 탐하다가 액운이 낀 사람들이 얼마나 많았던가. 이사(李斯)******의 경우가 그러하다. 온 가족이 줄줄이 묶여 형장으로 끌려가는 도중, 이사는 눈물을 흘리며 아들에게 말했다고 한다. "얘야, 이 아비가 원래 바랐던 건 지금쯤 고향에 돌아가 토끼사냥이나 하는 것이었단다. 그런데 이제 그 꿈이 모두 물거품이 되었구나."

공자는 사람들에게 연장자를 존중하라고 했지만, 업무를 팽개친 채 지위에만 연연하는 퇴물들을 고지식하게 떠받들라는 의미는 아니었다. 연장자의 경험에 의존해 만사형통하는 시대는 이미 지나갔는데도 과거에 뭔가 이뤄본 사람들일수록 새로운 지식을 받아들이는 유연성이 부족하다. 이처럼 자신의 성취가 도리어 인생의 걸림돌로 작용하게

***** 인과응보를 강조한 말. 홍콩영화 〈무간도 2〉에 나오는 대사로 당시 전 중화권에 유행어가 되었다.
****** 시황제를 보좌하여 진나라의 천하통일을 이룩한 정치가. 순자(荀子)에게 학문을 배웠고, 한비자의 법가사상을 적극적으로 받아들였다. 초나라 출신이었지만 여불위의 눈에 들어 객경(客卿)에 발탁되었다가 후일 승상의 지위에 올랐다. 시황제 사후 환관 조고(趙高)와의 권력투쟁에서 패해 제거되었다.

되면 남은 인생이 무의미하게 지나간다.

명나라의 망국 군주 숭정제(崇禎帝)를 보자. 그는 제위를 계승한 직후 냉정하게 위충현(魏忠賢)일당을 제거한 뒤 훌륭하게 정무를 처리했다. 그러나 자신의 초기 업적에 도취한 숭정제는 자신을 타고난 성군이라 여기기 시작했다. 성격은 점점 까다로워져 고집을 부리기 일쑤였고 독단으로 국사를 멋대로 결정하면서 신하들의 의견에 귀를 막았다. 이처럼 사람이 늙으면 대부분 나이만 내세워 대접을 받으려 드는 법이다. 노인이 젊은 세대에게 환영받지 못하는 것도 이런 이유가 크다. 그래서 공자는, 나이든 사람은 아랫세대보다 경험이 많다는 것에 안주하면서 정체 상태에 빠져 발전하지 못하면 안 된다고 경고했던 것이다. 항상 과거의 업적을 짊어지고 다니면 자신도 피곤할뿐더러 다른 사람이 역겨움을 느낀다. 그렇게 살 필요가 있겠는가?

무턱대고 용서하는 건 정의가 아니지

"그러면 달리 무엇으로 은덕을 갚겠는가? 원한은 마땅히 정의로 갚아야 하고 은덕은 은덕으로 갚아야 한다."

何以報德 以直報怨 以德報德
하 이 보 덕   이 직 보 원   이 덕 보 덕
－《논어》「이인편」

🌸 어떤 이가 공자에게 물었다. "은덕으로 원한을 갚는 것은 어떻습니까?" 공자는 이렇게 대답했다. "그러면 달리 무엇으로 은덕을 갚겠는가? 원한은 마땅히 정의로 갚아야 하고 은덕은 은덕으로 갚아야지." 이는 공자의 어록 중 가장 뚜렷하게 의협정신을 드러낸 말이다. 의협정신이란 네가 나를 한 대 치면 나도 너에게 발길질을 한 번 한다, 네가 나를 부당하게 취급하면 나는 너를 거들떠보지 않겠다는 자세다. 아주 통쾌하지 않은가!

《노자》제63장에는 이런 말이 있다. "작은 것을 크게 여기고 적은 것을 많게 여기며, 원한을 덕으로 갚는다(以德報怨)." '이덕보원'은 덕으로 원수 갚기, 즉 원한을 품는 대신 은덕을 베푼다는 의미다. 이것이 성인의 처신이다.

《신당서(新唐書)》 누사덕전(婁思德傳)에는 이런 이야기가 실려 있다. 누사덕은 비천한 신분 출신이지만 문무를 겸비한 인물이었다. 토번을 정벌하고 여덟 번 싸워 여덟 번을 모두 크게 이겼다. 둔전을 개발하니 곡식이 산처럼 쌓이고 통치 업적은 두드러졌으며, 이에 따라 벼슬도 올라갔다. 누사덕은 키가 크고 몸집이 장대했는데 입은 각지고 입술이 두꺼웠다. 성격도 외모와 흡사하여 다른 사람에게 관대했고 도량이 아주 넓었다.

언젠가 누사덕이 조정의 대신인 이소덕(李昭德)과 동행했을 때의 일이다. 몸이 뚱뚱한 누사덕은 걷기가 여의치 않아 자꾸만 뒤로 처졌다. 이소덕은 누사덕이 느릿느릿 따라오는 것에 짜증을 내며 화난 목소리로 말했다. "시골뜨기 나리 탓에 시간이 지체되잖습니까!" 그 말을 들은 누사덕은 화를 내기는커녕 웃으면서 맞받았다. "내가 본래 시골뜨기잖나." 그는 아랫사람의 막말도 개의치 않을 만큼 의연하였다.

누사덕에게는 동생이 있었다. 언젠가 동생이 대주자사(代州刺史)로 임명받아 임지로 떠나기 전, 누사덕은 조용히 동생을 불러들였다. 동생은 그 자리에서 중요한 조언을 들을 것이라고 생각하여 무릎을 꿇고 앉아 공손히 귀를 기울였다. 누사덕은 동생에게 이렇게 말했다. "아우야, 너도 내가 별다른 능력이 있는 인물이 아니라는 것을 알 테지만 어찌하다 보니 재상의 자리에까지 올랐구나. 그 탓에 사람들의 시기를 받게 되었지. 그런데 이제 너까지 대주자사가 되어 부임하니 우리 지위는 이미 분수를 넘은 셈이다. 분명히 더 많은 사람이 우리를 질투할 텐데, 어떻게 하면 부모님이 주신 몸을 보전함으로써 효를 다할 수 있을까?"

누사덕의 동생은 말뜻을 알아차리고 무릎을 꿇은 채 대답했다. "지금부터 저는 누군가 제 얼굴에 침을 뱉으면 원망하는 말을 하지 않고 그냥 아무 말 없이 닦아내겠습니다. 저는 이렇게 억지로 참아서라도 형님이 저를 걱정하는 일을 만들지 않겠습니다." 그런데 뜻밖에도 그 말을 들은 누사덕은 바로 고개를 흔들며 말했다. "내가 걱정하는 게 바로 네가 지금 말하는 그런 태도다!" 동생은 어리둥절해서 물었다. "설마 그렇게까지 해도 부족하다는 말씀이십니까?" 누사덕은 간곡히 말했다. "누군가 너한테 침을 뱉으면 그건 너한테 화가 났다는 뜻이다. 그런데 만약 침을 닦아낸다면 나는 당신이 싫으니 맞서 싸워보자는 의미가 되지. 그건 불에 기름을 붓는 것과 다를 바가 없지 않으냐! 닦아내지 않고 내버려둬서 침이 저절로 말라버리게 하는 게 최선이다. 그때는 웃어넘겨서 그 상황을 모면해라." 동생은 대답했다. "삼가 형님 가르침대로 하겠습니다."

누사덕은 30년 동안 관직에 있었는데, 충성스럽고 공정하며 특히 인재를 발굴하고 추천하는 데 뛰어났다. 능력 있는 사람을 보면 적극적으로 추천하여 그 인물이 중요한 직책을 맡게 한 뒤에야 비로소 안심했다. 계속 그렇게 해오다 보니, 뒤늦게 발탁된 사람이 그보다 높은 관직에 있는 경우가 꽤 많았다.

한번은 이런 일이 있었다. 재상이 된 적인걸(狄仁杰)은 누사덕을 일개 무장으로만 여기고 약간 깔보면서 항상 그에게 힘든 일들을 시켰다. 무측천(武則天)이 그 사실을 알고, 고의로 적인걸에게 물었다. "그대가 보기에 누사덕은 어떻소?" 적인걸이 대답했다. "장군 직책 정도는 맡길 만합니다. 조심하고 삼가면서 변경을 지키는 일에는 괜찮습니다. 그러나 다른 능력이 있는지는 잘 모르겠습니다." 무측천은 짐짓 물었다. "그대가 보기에 누사덕이 인재를 발견하는 재능은 있는 것 같지 않소?" 적인걸은 별로 대수롭지 않게 여기고 대답했다. "소신이 누사덕과 함께 일하고 있으나, 아직 그가 어떤 인재를 발굴해냈다는 말은 들어본 적이 없습니다." 무측천은 다 듣고 나더니 미소를 지으며 말했다. "그런데 승상은 알고 있소? 짐이 승상을 발견한 것은 누사덕이 천거한 결과라는 것을!" 그러면서 누사덕의 추천 상소문을 그에게 보여주었다. 적인걸은 그것을 보고 부끄러워 거듭 한탄했다. "누공의 어진 덕을 나는 여태껏 몰랐구나. 누공에 비하면 나는 아직 한참 멀었다!" 나중에 적인걸은 누사덕을 모범으로 삼고 조정을 위해 수많은 인재를 천거했다.

누사덕은 인재를 발견하고도 질투하거나 밀어내지 않고 적극적으로 황제에게 추천했다. 그리고 자신이 천거한 인물이 점점 벼슬이 올라 중요한 직책을 맡고 자신보다 높은 위치에 있는 것을 보면서도 여전히 마음의 평정을 유지하고 조금도 원망하는 마음을 품지 않았다. 이것은 확실히 쉽게 도달하기 어려운 경지이다. 그러나 더욱 대단한 것은 추천한 공이 있으면서도 다른 사람에게 말하지 않고 마음속에 담아 침묵을 지킨 점이다.

이렇게 '얼굴의 침을 스스로 말리는' 누사덕의 수양이, 곧 덕으로 원한을 갚는 방식이다. 성인은 덕으로 원한을 갚으니 마음에 원한과 괴로움이 없으며, 아무 거리낌없이 행동한다. 그러나 성인의 언행은 성인이나 실천할 수 있지, 보통 사람이 따라할 수 있는 것은 아니다.

또 실제로 실천하기가 어려운 것도 사실이다. 그러니 보통 사람이 덕을 행할 때는 항상 의지로 마음을 굳건히 해야 한다. 덕으로 원망을 갚는다고 해도 원망하는 마음이 사라지지 않으면 덕을 행하는 이의 마음속에 풍파가 인다.

앞서 언급했듯 공자는 결코 덕으로 원수를 갚는 방법에 찬성하지 않았다. 그는 직접적인 답변은 피하면서 에둘러 표현했다. "덕으로 원수를 갚는다면, 덕은 무엇으로 갚겠는가?" 결국 공자의 주장은 정의로 원수를 갚고 덕은 덕으로 갚으라는 것이었다. 풀어 말하면, 다른 사람에 대한 원한에는 정직한 행위로 대응하고, 다른 사람이 베푼 은혜에는 그 이상의 호의를 베풀어 돌려주라는 것이다.

자신의 성질을 누르면서 다른 사람을 거스르거나 따르는 일 없이, 사물의 공평한 원리에 근거하여 일을 처리하는 것을 직(直)이라 한다. 이른바 정직한 행위로 다른 사람의 원한을 갚는다는 의미에는, 악의를 품은 원한에 적절히 반격하는 것까지 포함한다. 선과 악, 옳고 그름을 가리는 것은 마땅히 은원(恩怨)이 분명해야 하기 때문이다. 다시 말하면, '복숭아를 받고 자두로 답하는' 것, 혹은 '모과를 던져오기에 패옥을 보냈다네'*와 같은 자세는 바람직하지 않다. 즉 부당한 대우를 무작정 참고 견디거나 원칙 없이 무조건 덕으로 원수를 감싸서는 안 된다.

누사덕은 당나라 중기 이후 인물이라, 그가 태어났을 때 나라는 이미 2백여 년간 안정을 누리고 있었다. 그의 집안은 대를 이어 관직에

---

* 投我以木瓜, 報以之琼琚, 《시경》「위풍편」.

나아갔고 자신도 조정에서 재상 직책을 맡았다. 만일 누사덕의 동생이 조금이라도 교만했다면, 사람들은 비난을 퍼부으며 권문세가의 힘으로 백성을 괴롭힌다고 떠들었을 것이다. 하지만 누사덕의 동생은 그런 과오를 저지르지 않았다.

폭력이 횡행하는 난세에도 이렇게 행동하라는 말이 아니다. 시대가 다르고 환경이 바뀌면 대처하는 방법도 달라야 한다. 물론 공자는 덮어놓고 원수를 원수로 갚으라고 주장하지 않았다. '네가 나를 한 대 치면 나도 너를 한 방 걷어차겠다'는 식의 행동을 권하지 않았다. 그러나 반드시 정당한 대응 방법이 있어야 한다고 분명히 말했다.

정의로 원수를 갚고 덕으로 덕을 갚는다면, 다른 이에게 휘둘리지 않을 수 있다. 사물의 공정한 이치에 입각하여 일을 처리하면, 자신의 뜻을 펴고 원한을 막으며, 덕을 존중할 수 있고 덕을 베푸는 것을 아까워하지 않고 원망을 품은 쪽도 책임을 추궁하지 않는다. 마음이 음험한 사람들을 대하는 가장 좋은 무기는 우리 자신이 도덕의 최저선을 굳게 지키는 것이다.

대국적 견지에서 인생을 보게나

"관중은 어질지 못한 사람이 아닙니까? 환공이 공자 규를 죽였는데, 능히 죽지 않고 다시 재상을 지냈습니다."

管仲非仁者與 桓公殺公子糾 不能死 又相之
관 중 비 인 자 여 환 공 살 공 자 규 불 능 사 우 상 지

—《논어》「헌문편」

제환공(齊桓公)은 춘추시대 제나라의 군주다. 그는 공자 규(糾)와 형제였는데, 왕위를 놓고 다투는 과정에서 공자 규를 죽였다. 제환공은 춘추시대 초반에 가장 먼저 중원에서 패업을 이룬 군주였다. 40여 년의 재위기간 동안 관중(管仲)을 비롯한 인재들을 등용하고 제나라의 정치경제를 개혁했다. 또한 주나라 왕실이 쇠퇴하고 유력한 제후국이 흥기하는 당시의 형세에 따라 성공적인 내외정책들을 실시하여 제나라의 사회발전을 이끌었다. 그는 중원 각국을 조직하여 융적(戎狄) 등 낙후한 부족의 침략을 저지하고 화하(華夏)의 선진문화가 파괴되는 것을 막았다. 그리고 이 모든 성과에서 큰 역할을 한 것은 그의 오른팔인 관중이었다.

관중은 본래 공자 규의 가신이었다. 그러나 공자 규가 제환공과 왕위를 다투다 살해당하자 제환공 측에 가담하여 환공이 패업을 성취하는 것을 보좌했다. 이 때문에 《논어》「헌문편」에 다음과 같은 대화가 오가게 되었다.

자공(子貢)이 물었다. "관중은 어질지 못한 사람이 아닙니까? 환공이 공자 규를 죽였는데, 능히 죽지 않고 다시 재상을 지냈습니다." 풀어 말하면, '관중은 어진 사람이라고 할 수 없다. 제환공이 공자 규를 죽였는데, 관중은 자기 주군을 위해 죽기는커녕 오히려 환공 밑에 들어가 재상이 되었다.' 더 풀어 말하면, '관중이라는 인물의 충성심에는 문제가 있다. 본래 모시던 주군이 죽었는데 충성을 표하는 대신, 자신의 주군을 죽인 자를 따라갔다.'

이에 대해 공자는 이렇게 대답했다. "관중은 환공의 재상이 되어 환공을 보좌했고 천하를 바로잡았다. 백성은 아직도 그의 은혜를 입고 있는 셈이다. 만일 관중이 없었다면, 우리는 모두 낙후한 민족들이 그런 것처럼 머리를 풀어헤치고 옷깃을 왼쪽으로 여며 입었을 것이다. 설마 정말 보통 사람처럼 어쭙잖은 절개와 신의에 매달려 스스로 목매어 죽었지만 아무도 몰라주는 상황이 되었어도 좋으냐?"

사실 관중에 대한 평가는 공자가 자로와도 토론한 문제였다. 자로는 이렇게 물었다. "제환공이 공자 규를 죽였을 때, 관중과 함께 공자 규의 가신이었던 소홀(召忽)은 공자 규를 위해 죽었습니다. 그런데 관중은 죽지 않았습니다. 이것은 어질다고 할 수 없지 않습니까?" 공자는 이렇게 대답했다. "제환공이 아홉 번이나 제후의 회맹(會盟)을 이끌어낸 것은 군대의 힘이 아니라 관중의 공로다. 그것은 관중이 어질었기 때문이다!"

공자는 자공과 자로에게 한 대답에서 동일한 관점을 보여준다. 즉 한 인물을 평가할 때 한 가지 도덕적 표준에 얽매이지 않고 대국적 견지에서 총체적 가치를 본다는 것이다.

공자의 관점은 이렇다. 관중은 비록 공자 규에게 죽음으로 충성을 다하지는 못했으나, 제환공을 도와 큰 공을 세우고 역사에 이름을 남겼다. 그러니 보통 사람들에게 적용하는 어쭙잖은 절개와 신의를 그에게 요구해서는 안 된다. 흠결 없는 완벽한 행동을 요구하기보다는 큰 흐름을 살펴서 판단해야 한다. 사실 제환공 역시 작은 절개에 얽매이지 않고 사적인 원한을 헤아리지 않았다. 하마터면 그의 목숨을 빼앗아갈 뻔한 관중을 용서했을 뿐 아니라 중용하기까지 했다. 그로써 비로소 '제후를 아홉 번 모으고, 천하를 바로잡는' 큰 공적을 달성할 수 있었다. 그러므로 제환공의 인재관, 세계관 역시 공자의 사상과 통한다.

이렇게 인물을 종합적으로 평가해야 한다는 관점은 오늘날의 가치관과도 일맥상통한다. 다른 예를 들어보자. 미국의 남북전쟁 시기에, 남부연합의 군사전략가 로버트 에드워드 리(Robert E. Lee) 장군은 여러 차례 놀라운 공적을 세워 유명인사가 되었다. 물론 역사적 흐름을 거스른 남부연합은 결국 패망했다. 하지만 전쟁이 끝난 뒤 리 장군은 오히려 더 많은 미국인의 사랑을 받았다.

리 장군 자신은 결코 남부연합의 흑인 노예제도에 찬성하지 않았다. 하지만 그는 버지니아 주의 시민이었기에 전쟁이 일어나자 망설이지 않고 고향을 지키기 위해 나섰다.(이 대목에서는 자로와 자공이 주장했던 '어리석은 충성'의 정신을 리 장군도 지녔다고 볼 수 있다.)

전쟁이 끝나자 리 장군은 걸출한 장군으로 추앙받았지만 그가 지휘할 부대는 이제 없었다. 패망한 남부연합에서는 치욕을 참지 못하여 가족을 데리고 이집트, 멕시코, 남아프리카 등으로 이주한 사람이 많았다. 그러나 리 장군은 고향으로 돌아갔다. 그는 추종자들이 몰려드는 공개적인 장소에 나타나는 것을 피하면서 당시 이름없던 워싱턴 대학의 학장을 맡아 묵묵히 직무를 수행했다. 당시 워싱턴 대학의 재정 상태는 엉망이었다. 휴지가 된 남부연합 화폐 2천 달러 외에 146명의 학생이 납부하는 75달러의 학비로 운영해야 하는 처지였기 때문이다. 그러나 이렇게 몰락했던 대학은 리 장군의 부임 이후 다시 태어났다. 그와 전혀 안면이 없던 부자들이 감동하여 후원금을 내놓았고 2년 후에는 학생 수가 두 배로 증가했다. 당시 125달러에 불과한 월급을 받던 리 장군은 부서진 관사 건물에서 생활하며 새로운 계획들을 구상했다. 그는 전통적인 틀에 박힌 교육방식을 깨뜨리고 화학, 물리학 등 자연과학 과정을 추가했다. 심지어는 신문학과도 개설했는데, 이는 후대의 교육가들이 정식으로 신문학 과정을 도입하기 40년 전의 일이었다.

리 장군은 여전히 장군다운 면모를 보였다. 그는 1분의 시간도, 약간의 정력도 낙담하는 데 쓰지 않았다. 그는 모욕감과 수치심에 빠져있던 남부연합 사람들을 격려하며 고향을 재건하는 전투에 참여시켰다. 리 장군은 나중에 이렇게 말했다. "장군의 임무는 젊은이들을 전장으로 보내 목숨을 바치게 하는 것이 아니다. 그보다 중요한 임무는 그들에게 인생의 가치가 무엇인지를 가르치는 것이다."

사실 관중은 공자 규를 보좌했을 때 그다지 중책을 맡지 못했다. 둘 사이는 의리가 돈독한 관계가 아니었다. 그래서 공자 규가 죽었을 때, (오늘날의 관점으로 보더라도) 굳이 죽음으로써 그 뒤를 따를 의무가 없었던 것이다. 반면 제환공은 관중을 존경하여 그를 중부(仲父)라 불렀으며 국가를 다스리는 중요한 책임을 그에게 맡겼다. 그러니 관중이 어찌 한때의 실패로 자살을 하겠는가? 만일 그때 죽었더라면 아무 쓸모도 없는 인생을 산 셈이 된다. 그가 죽지 않았기에 나중에 더욱 가치 있는 업적들을 성취할 수 있었다. 그런데 도덕적 표준에 얽매인 약속은 어리석게도 때로 사소한 문제에 매달리도록 몰아간다. 사람들이 자신과 타인을 평가할 때는 모두 무의식중에 하나의 틀을 만든다. 그 결과 자신과 타인 모두를 속박한다.

자네는 자네만의 한계선을 갖고 있는가

"이것을 용인한다면 무엇을 용인하지 못하겠는가!"

是可忍 熟不可忍也
시 가 인 숙 불 가 인 야
―《논어》「팔일편」

🌸 노나라의 권력자 계씨(季氏)가 자기 저택 정원에서 춤꾼 예순네 명을 동원하여 음악에 맞춰 춤을 추게 하자 (이는 천자만이 누릴 수 있는 향락이었다), 평소 온화하고 부드러웠던 공자도 더는 견디지 못하고 소리를 질렀다. "이것을 용인한다면 무엇을 용인하지 못하겠는가!" 즉 이렇게 작심하고 예법에 어긋나는 짓을 하니, 앞으로 무슨 짓인들 못 하겠느냐는 말이었다.

공자의 생각은 이러했다. '나를 평생 성낼 줄도 모르는 사람이라고 생각하지 마라. 여태 분노할 만한 일이 없었을 뿐이다. 일개 제후국의 신하로 마땅히 사일(四佾)을 써야 하는 대부(大夫) 주제에, 감히 천자의 팔일(八佾) 예악을 사용하는가?'* 한평생 주나라 예법을 회복하는 데 온 힘을 쏟았던 공자에게 예악의 규정은 도저히 양보할 수 없는 한계선이었기에, 발끈하여 일어설 수밖에 없었다.

그렇다면 우리는 어떤가? 우리의 한계선은 어디인가? '자녀로서 부모를 학대하는 행위는 용납할 수 없다.' '친구로서 우정을 팔아 이익을 챙기는 행위는 용납할 수 없다.' '국민으로서 나라를 팔아먹는 행위는 용서할 수 없다.' 그러나 우리가 용납하지 못하는 것은 특별한 것이 아니다. 누구도 용납하지 못하는 것을 용납하지 못할 뿐이다.

그러나 여기서 한 발짝 더 나아가 작은 일에 너그럽게 대응할 때 삶은 훨씬 원만해진다. 옷에 구멍이 났다면 바느질 한두 번으로 꿰매면 그만이다. 아내가 차려준 음식이 입에 맞지 않으면 약간 덜 먹으면 그만이다. 가정부가 비싸지 않은 새 옷을 빨 때 실수해서 후줄근해졌다면 새로 한 벌 사면 그만이다. 동료의 미진한 보고서는 보충해 작성하면 그만이다. 완벽한 사람은 없다. 어떤 일이든 꼬치꼬치 따지지 말고 그대로 내버려두는 훈련을 해보자. 그러면 삶이 윤택해진다. 물론 중요한 문제를 맞닥뜨렸을 때는 정신을 바짝 차리고 맺고 끊음을 분명히 해야 한다. 유혹을 물리치고 스트레스를 극복하여 조금도 애매한 구석 없이 꼼꼼하게 일을 처리하라.

만주군벌 장쭤린(張作霖)은 일본에게 '땅은 한 치도 양보하지 않겠다'는 입장을 고수했다. 장쭤린은 역사적 평가가 엇갈리는 인물이지만 자신의 한계선을 굳게 지켰다는 점은 주목할 만하다. 중국 영토를 더 잠식하기 위해 일본인들은 어떻게든 장쭤린을 조종하려고 갖은 방법을 다 썼다. 한번은 일본인이 장쭤린을 술자리에 초대했다. 장쭤린

---

* 일(佾)은 춤꾼 8명이 늘어선 줄을 의미한다. 따라서 팔일이란 8명씩 8줄, 즉 춤꾼 64명이 펼치는 춤과 음악을 의미한다. 주나라 예법에 의하면 팔일(八佾)은 천자 앞에서, 육일(六佾, 48명)은 제후 앞에서, 사일(四佾, 32명)은 경대부 앞에서, 이일(二佾, 16명)은 사(士) 앞에서 추게 되어 있다.

은 이렇다 할 만한 신분 배경 없이 자수성가한 영웅으로, 짧은 기간에 만주의 지배자가 되었을 뿐 아니라 베이징을 장악하여 대원수 직위를 차지했으며 더 나아가 본토까지 평정할 야심을 품고 있었다. 아무 것도 두려워하지 않는 대담한 성격을 가진 장쭤린은 서슴없이 초청에 응했다.

술자리가 어느 정도 무르익었을 때, 일본인들은 그에게 친필 글씨를 보여달라고 요청했다. 장쭤린은 조금도 망설이지 않고 바로 붓을 들어 위풍당당하게 '호(虎)' 글자를 쓴 뒤 쳐들어 좌중에게 보여주었다. 환호성이 터져나오는 가운데, 그는 '장쭤린 친필(張作霖手黑)'이라고 시원시원하게 낙관을 써넣고는 붓을 놓고 자리에 앉았다. 옆에 있던 일본인은 그 낙관을 보고는 하마터면 웃음을 터뜨릴 뻔했다. 그는 황급히 장쭤린에게 다가가 귓속말로 일러주었다. "대원수께서 쓰신 '친필'에서 '묵(墨)' 자는 아래의 '토(土)'가 빠져서 '흑(黑)' 자가 되었습니다." 그러나 장쭤린은 지적을 받아들이기는커녕 수염을 치켜세우고 눈을 부릅뜨며 말했다. "내가 묵 자를 어떻게 쓰는지 모를 것 같소? 흑 자로 잘못 쓴 것 아니냐고? 이건 '한 치의 땅도 양보할 수 없다'는 뜻이오!" 그러자 좌중의 일본인들은 눈이 휘둥그레져 입을 다물었고, 중국인들은 서로 마주보고 고개를 끄덕이며 회심의 미소를 지었다.

한계선이 없는 처세는 골연화증 환자와 같아서 똑바로 설 수가 없다. 인생에서는 수많은 일이 일어나지만, 그중에서도 특히 한창 성장하며 성격이 만들어지는 어리고 철없는 시기에는 일시적인 기분이나 충동으로 평생 후회할 일을 저질러 인생을 막다른 지경으로 몰고갈 수 있다. '한순간의 실수로 천고의 한을 만든다'는 말을 기억하자. 인생이란 대본 없이 연출해야 하는 연극이다. 리허설은 없고 같은 기회는 두 번 오지 않는다. 한 걸음만 잘못 내디뎌도 다음 진로는 계속 어긋난다. 수정하거나 보충하고 싶어도 자칫 잘못했다가는 오히려 때를 놓치고 길을 잃는다. 어쩌면 목숨을 잃을 정도로 감당하기 어려운 대가를 치러야 할지도 모른다.

자신이 만든 한계선을 지키면서 처세 기준과 원칙을 마음에 새겨라. 양심에 어긋나지 않고 남을 해치지 않는 것을 전제로 자기 삶에 선을 그어놓아야 한다. 이 선을 어떻게 긋느냐에 따라 인생이 완전히 달라질 수 있다.

命(명), 禮(예), 言(말)을 기억하게

"명을 모르면 군자가 될 방법이 없다. 예를 모르면 설 방법이 없다. 말을 모르면 사람을 알 방법이 없다."

不知命 無以爲君子也 不知禮 無以立也 不知言 無以知人也
부 지 명 무 이 위 군 자 야　부 지 례 무 이 립 야　부 지 언 무 이 지 인 야
—《논어》「요왈편」

🌺 아테네 올림픽 여자 장대높이뛰기 금메달리스트 이신바예바(Yelena Isinbayeva)는 장대높이뛰기에서 가장 중요한 것은 장대의 지지점이라고 말했다. "받침점에서 든든히 지지를 받는다면 5미터를 거뜬히 넘을 수 있지요." '장대높이뛰기의 황제'라 불렸던 우크라이나 출신 세계챔피언 부브카(Serhiy Nazarovych Bubka)도 비슷한 말을 했다. 그런데 가만히 살펴보면 이 이야기 속에는 심오한 인생철학이 담겨 있다. 어떻게 보면 인생은 장대높이뛰기 한 판이고, 우리는 선수이며, '장대'는 우리가 지닌 지식이나 기술이다. 삶에서 새로운 높이의 목표를 뛰어넘고자 한다면 든든한 '받침점'이 있어야 한다.

공자는 《논어》「요왈편」에서 "명(命)을 모르면 군자가 될 방법이 없

다. 예(禮)를 모르면 설 방법이 없다. 말(言)을 모르면 사람을 알 방법이 없다"라고 말했다. 명과 예와 말, 이 세 가지가 바로 인생의 받침점들이다. 명운(命運)을 인식하지 못하면 군자가 될 수 없다. 예를 이해하지 못하면 사회에서 존립할 수가 없다. 다른 사람의 말을 판별하는 능력이 없다면 상대방을 이해할 수 없다.

'부지명 무이위군자야(不知命 無以爲君子也).' 운명학을 좋아하는 이들은 이 구절을 보고 환호한다. "봐라. 공자님도 지식인이라면 반드시 운명학을 알아야 한다고 주장하지 않느냐!" 사실 공자가 거론한 '명'은 우주의 거대한 규칙이자 역사의 흐름을 가리킨다. 곧 그 말은 군자는 이러한 거시적 맥락에서 개인의 운명과 결말을 알고, 역사의 흐름을 거스르지 않는 범위에서 자신의 인생을 결정해야 한다는 의미다. 그래서 공자는 스스로 "나이 쉰에 천명을 알았다"라든가 "군자는 천명을 두려워해야 한다"라고 말했던 것이다. 공자의 시대에는 근본적으로 사주팔자(四柱八字)를 이용하여 운명을 점치는 체계가 존재하지 않았고 사주팔자 운명학은 당나라 때 비로소 유행하기 시작했다. 따라서 공자를 흔히 말하는 운명학에 관련짓는 것은 잘못됐다.

공자가 말한 '예'는 오늘날의 말로 표현하면 각종 처세 지침이자 인생에서 알아야 할 각종 상황에 맞는 도리들이다. 이런 것들을 모른다면 현실에서 자립할 수 없다. 주어진 여건을 따라잡느라 허덕이다 보면 자기 모습을 잃어버리기 십상이다. 그래서 공자는 아들 자어(子魚)에게 이렇게 말했다. "예를 배우지 않으면, 자립할 수 없다." 예에 따라 사회 속에서 자신의 위치를 찾지 못하면 성과도 만들 수 없다.

어떤 사람이 하는 말과 그의 진짜 도덕적 품성 사이에는 일정한 관계가 있다. 이른바 '말은 마음의 소리'라고 하는 것처럼, 누군가가 구사하는 말들을 찬찬히 살펴보면 그의 사람됨도 대략 짐작할 수 있다. 그러나 말에 본심이 반영되지 않을 때도 많다. 그래서 어떤 것이 편견을 감춘 말이고 어떤 것이 과장하는 말이며, 어떤 것이 궤변이고 어떤 것이 빙빙 돌리는 말인지 잘 가려 판단해야 한다. 나아가 편견을 감춘 말이라면 어느 쪽을 옹호하는 것인지, 과장하는 말이라면 어느 부분을 어느 정도 과장했는지, 궤변이라면 논리적 허점은 무엇인지, 빙빙 돌리는 말이라면 핵심 의도가 무엇인지를 간파해야 한다. "말은 뜻을 들어야 하고, 징과 북은 소리를 들어야 한다"라는 속담처럼, 다른 사람의 말에 숨은 의도를 식별할 수 있어야 한다. 그러지 못하면 그 사람의 참모습을 파악할 수 없고, 상대방에게 현혹되거나 속기 쉽다.

명과 예와 말, 이 세 가지는 세상을 사는 데 든든한 받침점이 되어준다. 이 세 받침점을 얻으면 자신을 다스리기에 충분하다. 받침점이 있다면 인생은 여름날의 꽃밭처럼 눈부시게 빛난다.

마땅히 받아야 할 것은 거절하지 말게

원사가 재(宰)가 되었는데, 그에게 좁쌀 9백 말을 주자 거절했다. 공자가 말했다. "그러지 마라. 이웃이나 향리와 함께할 수 있지 않겠느냐."

原思爲之宰 與之粟九百 辭 子曰 毋 以與爾隣里鄕黨乎
원 사 위 지 재   여 지 속 구 백   사   자 왈   무   이 여 이 린 리 향 당 호
—《논어》「옹야편」

🌸 춘추시대 노나라에는 이런 규정이 있었다. 노나라 사람이 다른 나라를 방문했다가 노예가 된 자국민을 보았을 경우, 일단 돈을 마련해 그 사람을 노예 신분에서 풀어준 다음 노나라로 돌아와 관가에 이 사실을 고하면, 그 몸값에 더해 일정한 장려금을 받을 수 있었다.

공자의 제자 한 명이 다른 나라에 갔다가 우연히 노예 생활을 하는 노나라 사람을 보게 되었다. 그는 돈을 긁어모아 그 노예를 사서 노나라로 함께 돌아왔다. 그러나 이 제자는 그 사실을 떠벌리지 않았을 뿐 아니라 관가로 가서 몸값과 보상금도 신청하지 않았다. 풀려난 사람이

44

주변에 상황을 이야기하여 소문이 났고, 사람들은 모두 그 제자가 장한 일을 했으며 인격이 고상하다고 칭찬했다. 그러나 이 사건을 알게 된 공자는 그 제자를 칭찬하지 않았다. 오히려 사회의 중요한 도의를 위반했다며 호되게 꾸짖었다. 작은 의협심에 사로잡혀 더 큰 도리를 깨닫지 못했다는 지적이었다.

공자의 설명은 이러했다. "이 제자가 관가에 가서 보상금을 신청하지 않은 것을 보고 사람들은 인품이 고상하다고 칭찬했다. 그렇다면 이제 국외에서 노예 신세가 된 노나라 사람을 본 또다른 이들은 돈을 마련해 그 노예를 사서 돌아와야 할지 말지를 고민하게 된다. 노예가 된 노나라 사람을 데려온 뒤 관가에 가서 몸값과 장려금을 받는다면, 사람들은 의리없는 행동이라느니 고상하지 못한 행동이라느니 하며 욕할지도 모른다. 그렇다고 나라에서 지급하는 보상금을 포기하면 그 손실은 누가 메워주겠는가? 따라서 괜히 쓸데없는 일을 벌이는 것보다 처음부터 걱정거리를 만들지 않는 편이 낫다고 생각하는 사람들이 많아질 것이다. 노예 신세가 된 노나라 사람을 못 본 척하면 그만이기 때문이다. 그러니 이 제자의 행동은 나라 밖에서 노예살이를 하는 노나라 사람들이 고국으로 돌아오는 것을 방해한 셈이다.'

공자는 얼핏 보기에는 고상하게 보이는 행동 속에 내재한 부작용을 꿰뚫어보았다. 공자의 통찰력을 엿볼 수 있는 또다른 예가 《논어》「옹야편」에 기록되어 있다. "원사가 재(宰)가 되었는데, 그에게 좁쌀 9백 말을 주자 거절했다. 공자가 말했다. '그러지 마라. 이웃이나 향리와 함께할 수 있지 않겠느냐.'"

풀어 설명하면 이런 상황이었다. 공자의 제자 자사(子思)가 학당의 집사가 되었다. 공자는 그에게 봉급으로 좁쌀 9백 말을 주기로 결정했다. 자사는 그렇게 많은 보수는 받을 수 없다고 단호히 거절했다. 그러자 공자는 이렇게 설득했다. "네가 마땅히 받아야 할 보수를 거절해서는 안 된다. 만약 네 집안의 살림이 이미 넉넉해서 이 곡식이 굳이 필요하지 않다면 이웃집에 나눠주면 되지 않느냐? 만일 이웃집들도 이미 살림이 넉넉해서 이 곡식이 굳이 필요하지 않다면 이웃마을 사람들에게 나눠주면 된다. 나는 네가 마땅히 받아야 할 곡식을 어려워하지 말고 받고 난 뒤 이런 식으로 미루어 쓸 곳을 찾아주길 바란다."

공자가 가르쳐준 교훈은 바로 이것이다. '받아야 할 것은 거절하지 말라. 마찬가지로 적극적으로 쟁취해야 할 것은 스스로 쟁취하라.'

왕메이(王玫)라는 여성은 A사에 입사한 지 1년 가까이 되었다. 사장은 그녀에게 여러 차례 새로운 일거리, 직함, 업무를 떠맡겼다. 그러나 그런 일들을 해도 그녀의 봉급이 올라가지는 않았다. 왕메이는 자신이 수행하는 업무가 마땅히 더 많은 보수를 받아야 한다는 사실을 알고 있었지만, A사에서 일할 기회를 놓치고 싶지 않았기에 일단은 군말없이 맡은 바 책무를 다했다.

몇 개월이 지나자 사장이 왕메이에게 말했다. "축하하네. 자네를 팀장으로 승진시키기로 했네." 왕메이가 물었다. "급여는 언제 올라가죠?" 사장이 말했다. "승진만으로도 회사가 자네의 능력을 인정한 것이 아닌가? 급여까지 올려줘야 한단 말인가?" 그러자 왕메이는 그 제안을 거절했다. "그만한 책임을 맡으면서 상응하는 급여를 받지 못한다면, 차라리 지금 직책을 유지하고 싶습니다." 2주 뒤, 그녀에게는 인상된 급여와 새로운 직함이 주어졌다. 왕메이는 자기가 마땅히 받아야 할 대우를 받게 되었다.

이 일이 있은 후 왕메이는 한 가지 원칙을 고수하게 되었다. 바로 적절한 보수 없이 책임만 더 커지는 직책을 받아들이지 않는 것이다. 그래서 간부들이 새로운 직책을 맡으라고 지시했을 때 그녀는 이렇게 대답할 수 있었다. "좋습니다. 몹시 끌리는 일이네요. 하지만 그에 상응하는 보상에 관해서도 얘기가 있어야 할 것 같습니다. 제가 생각하기에 이건 부서장급 업무인데요, 그렇다면 급여와 보너스는 얼마나 달라지죠?"

왕메이의 답변은 승진을 받아들이겠다는 자세일 뿐만 아니라 자신은 마땅히 더 많은 보수를 받아야 하고 더 많이 받을 만큼 능력이 있다는 자신감의 표현이었다. 왕메이는 이어서 이렇게 말한다. "인사부에 문의해주시겠어요? 이 직책을 맡게 되면 최대 어느 정도의 급여를 받을 수 있는지 말입니다."

공자는 "마땅히 받아야 할 것은 사양하지 말라. 자기 몫은 노력해서 쟁취하라"라고 주장했다. 이 조언은 오늘날에도 적용된다. 경쟁이 날로 치열해지는 현대사회에서 사람들은 항상 막연히 돈을 더 많이 벌기를 바라지만, 실제로 벌어들이는 수입은 충분치 않다. 돈이란 가능한 모든 방법을 동원해 적극적으로 잡으려는 사람을 따라가기 마련이다. 그러므로 연봉협상 시즌에 급여인상을 요구하는 것이든, 수익성이 높은 사업계획을 뚝심 있게 진행하는 것이든, 마땅히 받아야 할 대가를 얻는 과정은 의식적 노력과 자신감이 뒷받침되어야 한다.

사람은 혼자서는 살 수 없지. 암, 그렇고말고

"군자는 두루 대하고 치우쳐 대하지 아니한다. 소인은 치우쳐 대하고 두루 대하지 아니한다."

君子周而不比　小人比而不周
군 자 주 이 불 비　소 인 비 이 불 주
―《논어》「위정편」

🌱　얼마 전에 자기계발서 성격의 소설 《올가미(圈子圈套)》가 직장인의 생활과 승진의 길을 생생한 사례로 그려내 베스트셀러가 되었다. 인기리에 꾸준히 팔려나간 이 책을 직장인들은 '직장생활의 필독 가이드' '직장생활의 바이블'이라 호평했다. 화이트칼라 직장인들이 자주 가는 곳에는 꼭 《올가미》가 비치되어 있는 모습을 볼 수 있었다. 이 책의 주요 내용은 주인공 홍댜오(洪鈞)가 직장생활을 하면서 마주친 '올가미'들에 관한 것이다.

《올가미》의 주인공 홍댜오는 다국적 소프트웨어 대기업인 ICE의 중국 지역 판매총책이다. 그가 거의 1년 동안 맡아 진행해온 프로젝트는 완성을 눈앞에 두고 있었고, 사장은 이번 기회에 판매총책 대행인 그에게 수석대표 직책과 권한을 위임하려 했다. 정식으로 ICE의 중국 법인 수석대표가 되는 것이다. 그러나 홍댜오는 수년간 좋은 친구로 지내다가 경쟁상대로 변한 위웨이(俞威)가 계략을 꾸미는 것을 미처 눈치채지 못했다. 결국 위웨이 때문에 프로젝트는 실패했고 홍댜오는 그 책임을 지고 ICE에서 퇴직한다. 곧 수석대표 자리에 오르려던 인물이 순식간에 실업자 신세가 된 것이다. 홍댜오는 인생의 밑바닥에서 냉정한 현실을 경험하면서 자신이 안주해온 틀 바깥에 존재하는 세상의 갖가지 모습을 만나게 된다.

그후 홍댜오는 어쩔 수 없이 예전의 경쟁사였던 베셀에 들어가 북중국 지역 판매책임자로 일하게 된다. 직위는 낮아졌고 영업 영역도 작아졌지만 그는 묵묵히 받아들인다. 그리고 홍댜오는 싱가포르에서 회의가 열렸을 때 기회를 놓치지 않고 아시아태평양 담당 책임자에게 매우 좋은 인상을 남긴다. 한편 이렇게 홍댜오가 액운에 휘말려 있는 동안 위웨이는 거액의 연봉으로 ICE에 스카우트되어 당초 홍댜오가 맡을 예정이었던 중국 지역 수석대표 자리를 꿰찬다. 그리고 위웨이는 예전에 근무했던 회사와 관련 프로젝트의 고객을 매정하게 궁지로 몰아넣는다.

그러잖아도 취약했던 베셀의 판매망은 총책임자 제썬(杰森)의 관리소홀로 혼란에 빠진다. 홍댜오는 어쩔 수 없이 엉망진창인 조직을 이끌고 치열한 경쟁을 벌여야 하는 프로젝트에 뛰어든다. 마침 어느 대기업의 공개입찰 기회가 온다. 이 일을 맡은 홍댜오 휘하의 여직원 페이비(菲比)는 열정도 있고 능력도 뛰어났지만 경험이 부족했다. 홍댜오는 페이비와 함께 고객들에게 좀더 적극적으로 밀착 서비스를 제공하면서 자신의 동맹군과 눈이 되어줄 이들을 만들어나간다. 그 과정에서 자신을 결사반대하는 고객들도 찾아낼 수 있었다. 홍댜오는 열심히 합작 파트너를 물색한다. 그때 하드웨어 대리점을 경영하는 판(范) 사장이 먼저 홍댜오를 찾아와 이 프로젝트를 합작으로 진행하자고 제안해 온다. 판 사장은 앞서 위웨이와 손을 잡고 홍댜오에게 참배를 안겨준 사람이지만, 결국 위웨이에게 버림받은 참이었다.

피나는 노력 끝에 홍댜오의 상황은 호전된다. 동시에 페이비는 홍댜오에게 이성으로서 호감을 드러내기 시작한다. 한편 그가 프로젝트를 진행하며 빡빡한 일정에 지쳐있을 때, 베셀의 중부지역을 담당한 상하이 책임자와 남부지역을 담당한 광저우 책임자는 홍댜오를 경쟁자로 여기고 계속 마찰을 일으킨다.

위웨이는 역시 고수였다. 고객 중 핵심인물 한 사람이 계속 위웨이를 지지하자 홍댜오는 이길 가망성이 없어진다. 한편 판 사장은 위웨이가 주관하는 ICE의 입찰에도 가담한다. 홍댜오는 결코 판 사장을 신뢰하지 않았지만 다른 선택의 여지는 없었다. 판 사장은 최종 제안서를 넣기 전, 위웨이와 그 핵심고객을 초대하여 여흥을 제공한다. 어느 호텔 사우나에서 그들에게 아가씨들을 짝지워주고 객실로 올려보낸 것이다. 몇 분 뒤, 판 사장은 핵심고객의 휴대전화로 성매매 단속반이 급습했으니 빨리 피하라고 알려주며 위웨이에게는 자신이 따로 알리겠으니 신경 쓰지 말라고 한다. 그러나 그는 핵심고객을 서둘러 피신시킨 뒤 위웨이가 체포되도록 로비에 와 있는 사복경찰에게 정보를 흘린다. 판 사장은 결국 이렇게 앞서 당한 프로젝트에 대한 복수를 한다.

위웨이는 경찰에 잡혀간다. 하지만 그는 나름의 수완을 발휘하여 다음날 아침 바로 풀려난다. 그 추문은 업계에 퍼지지 않는다. 그러나 혼쭐이 난 그 핵심인물은 회사 고위간부 투표에서 위웨이의 회사에 대한 지지를 철회한다. 그 결과 홍댜오의 회사가 그 계약을 따낸다. 이와 동시에 페이비는 홍댜오의 마음을 얻는 데 성공한다. 홍댜오는 베셀의 아시아태평양 담당 책임자를 맞으러 또다시 공항으로 향한다. 그 책임자는 이미 제썬을 내보내고 홍댜오를 베셀의 중국법인 사장에 임명하기로 결정한다.

'두루 대하고 치우치지 않는(周而不比)' 군자와 '치우치고 두루 대하지 않는(比而不周)' 소인은 어디에나 공존한다. 《올가미》에 등장하는 위웨이는 직장 내 전형적인 소인형 인물이다. 그는 자신을 고립시켜 사회와 바깥세상이 어떻게 돌아가든 관심을 두지 않았다. 오로지 자신에게만 관심을 쏟았다. 모든 것을 자기 중심적으로 생각했고 모든 일을 자신의 목적에 맞춰 해석했다. 그는 그렇게 자신의 삶을 다른 이들과 동떨어진 삶으로 만들어버렸다.

직장 생활을 하는 사람 중 대부분은 실업과 친구의 배반, 회사 내 암투, 동료와 알력다툼으로 사이가 틀어지는 경험을 해봤을 것이다. 그러나 많은 직장인은 회사생활 중 사람의 마음이 그렇게 악독해질 수 있다는 것을 이해하지 못한 채, 어리석게도 열심히 일하기만 하면 위에서 인정해줄 것이라고 기대한다. 그 결과 다른 사람에게 뒤통수를 맞거나 처참하게 밀려난다. 업무는 제대로 진행되지 않고, 어떻게 견뎌야 할지 감을 잡지 못한다. 그러다가 결국은 자존심을 지키고자 사표를 제출하거나 떠밀려서 어쩔 수 없이 회사를 떠나게 된다.

사실 공자는 2천여 년 전 이런 지혜를 일러주었다. "군자는 두루 대하고 치우쳐 대하지 아니한다. 소인은 치우쳐 대하고 두루 대하지 아니한다." 의미는 대략 이렇다. '군자는 모든 사람을 사랑하고 파벌을 만들지 않는다. 그러나 소인은 모든 사람을 사랑하는 수준에 이르지 못하여, 마음에 맞는 이들끼리만 뭉쳐 파벌을 만든다. 단체생활에서 군자는 협동정신을 중시하는 반면, 소인은 모든 것을 오로지 자신을 중심으로 생각하고 자신의 목적에 맞춰 재단한다.'

"세 승려가 마실 물이 없다"는 고사가 있다. 산사에 승려가 한 명일 때는 혼자서 물을 퍼 나르고, 두 명일 때는 물통을 맞잡고 함께 나르나, 세 명이 되었을 때는 서로 눈치만 보면서 아무도 나서지 않아 물을 마시지 못한다는 이야기다. 요새는 이 고사의 또다른 버전이 생겨났다. 발단과 전개 부분까지는 같으나, 후반부가 바뀌었다. 하루는 세 승려가 한창 경을 읽고 있을 때, 쥐 한 마리가 지나가면서 촛대를 쓰러뜨렸다. 불은 본당 전체로 번졌다. 세 승려는 서로 도와가며 함께 물을 길어와 불을 꺼서 본당을 지켜냈다. 그제야 세 승려는 단합의 힘을 깨달았다. 그래서 이번에는 합심하고 협력하여 도르래를 만들어 산 아래에서 물을 길어다 마실 수 있게 되었다. 협동정신은 집단의 경쟁력을 극대화할 뿐만 아니라 미처 예상하지 못한 창조성을 폭발시키기도 한다.

회사 내에서 다음과 같은 상황은 흔히 볼 수 있다. 창업 초기에는 직원들 모두 동고동락하면서 한마음으로 뭉쳐서 중요한 일도 합심해서 곧잘 해낸다. 그러나 어느 정도 규모가 커져 회사 운영에 틀과 규범이 생기면 내부 갈등이 시작되고 협동정신은 사라진다. 협동정신이 쇠퇴하고 열정이 잦아들면, 규정이 제대로 준수되지 않고 포상제도가 유명무실해지며 합리적인 의사전달 통로가 없어져도 탓할 수 없게 된다. 문제는 흔히 수뇌부에서 '주이불비'의 자질이 모자란 관리자가 일으킨다. 그들은 직원이나 회사의 사정을 이해하려 하지 않으며, 직원들을 감동시키거나 솔직하게 대하려고 노력하지 않는다.

공자는, 모름지기 군자란 원만한 처세로 타인과 조화를 이루고 호의를 베풀면서 집단 전체가 성과를 낼 수 있도록 하는 사람이라고 말했다. 즉 공자는 올가미를 벗어나 협동정신을 중시하라고 충고한다. 이제 작은 것부터 실천하면서, 회사를 위아래가 한마음이 되고 동료끼리 단결하는 선의의 경쟁과 융합의 장으로 가꿔나가야 한다. 이것이 공자가 오늘날의 직장인들에게 주는 교훈이다.

서로 잘해야지, 한쪽만 잘해서는 소용없네

"윗자리에 앉아서 너그럽지 아니하고, 예를 행함에 공경하지 아니하며, 상사를 당해 슬퍼하지 않는다면, 볼 것이 무엇이 있겠는가?"

居上不寬 爲禮不敬 臨喪不哀 吾何以觀之哉
거 상 불 관   위 례 불 경   임 상 불 애   오 하 이 관 지 재
-《논어》「팔일편」

"임금은 신하를 예로 대하고, 신하는 군주를 충성으로 대한다"라는 공자의 말은 오늘날에도 여전히 중요한 의미를 갖는다. 바뀐 것은 임금과 신하라는 관계, 그리고 예와 충의 일부 내용뿐이다.

합리적인 공무원 선발제도가 없고 선발 후에 훌륭한 정책을 펼 여건도 조성되어 있지 않으며 동시에 제도적으로 생계와 신분을 완전히 보장해주지 못하는 상태에서, 나라에 대한 충성만을 요구한다면 무리가 아니겠는가? 한편 사심 없이 나라에 충성을 다할 자세가 되어 있지 않고 국고를 축내 사리사욕을 챙기는 데에만 혈안이 된 사람에게 국가가 어떻게 예를 갖춰 대하겠는가?

이 문제를 기업에 적용해도 마찬가지다. 고용주가 직원에게 성의 껏 예를 갖춰 대우하지 않고 그들의 희망사항에 무심하거나 어려운 사정을 개의치 않는다면, 직원이 어떻게 회사에 충성하고 회사의 발전을 위해 최선을 다할 것을 기대하겠는가? 이런 기업은 비록 한때는 잘나갈 수 있어도 오래가지 못한다. 반대로 자신이 맡은 책임을 다하지 못하고 진심으로 회사를 위해 일하지 않는 직원에게 어떻게 회사가 좋은 대우를 해주겠는가?

전하는 바로는, 노나라 군주 정공(定公)이 공자에게 말했다. "나라를 제대로 다스리려면 다음과 같은 행정제도를 만들어야 한다고 생각하오. 각 직책은 모두 군주가 임명하고, 해당 직책을 맡은 관리들은 직권을 행사할 때 유력한 권신이 아닌 군주에게만 책임을 지는 거요. 선생은 이를 어떻게 생각하시오?"

공자가 대답했다. "그런 행정제도가 꼭 나쁘다고 할 수는 없습니다. 하지만 제가 강조하고 싶은 것은 군주는 마땅히 예에 맞는 방식으로 신하를 부려야(使) 하고, 신하는 마땅히 충성스러운 마음가짐으로 군주를 섬겨야(事) 한다는 점입니다."

고대에는 '사(使)'와 '사(事)'가 모두 직책의 개념을 가지고 있었다. 명사로 쓰이면 직무, 직책, 사업, 업무 등을 가리키고, 동사로 쓰이면 직무에 종사한다, 직무의 책임을 다하다 등을 가리켰다.

공자가 살았던 시대는 왕권이 쇠약하여 힘이 없었다. 군주의 권력은 대부들에게 완전히 잠식되었고 군주의 지위는 대부들에게 밀려 불쌍할 정도로 약해져 있었다. 따라서 그 시절에는 군주의 전제권력 따위는 근본적으로 불가능했다. 이런 개념에서 볼 때, 위의 대화에 언급된 신하를 '부리는' 것이나 군주를 '섬기는' 것은, 진한(秦漢)시대 이후 황제처럼 지고무상한 권위를 갖춘 전제제도나 전제사상과 완전히 일치하는 개념이 아니라 '예'와 '충'을 표현하는 태도를 의미한다. 이런 특수한 군신관계는 완전한 의미의 예속관계가 아니라 예와 충의 쌍무적 관계라는 면에서 오히려 현대의 인간관계와 닮았다. 즉 상사는 부하에게 예를 지키고 부하는 상사에게 충성으로 대하는 것이다.

공자는 《논어》 「팔일편」에서 이렇게 말했다. "윗자리에 앉아서 너그럽지 아니하고, 예를 행함에 공경하지 아니하며, 상사를 당해 슬퍼하지 않는다면, 볼 것이 무엇이 있겠는가?" 풀어 말하면 이런 의미다. '나라를 다스리는 높은 지위에 앉은 사람은 백성이 행복하고 자유롭게 살게 해야 할 신성한 사명을 지고 있다. 그런데 자기 관심사에는 개인적 이익을 추구하고 정치와 법률에서는 무한한 권력을 장악한 채 자기 행위의 도덕적 의의는 조금도 신경쓰지 않으면서 눈앞에 있는 백성의 어려움에 무관심하다면, 그 누가 이런 국가 통치자를 지지하겠는가?'

회사는 높은 급여로 인재를 고용하여 중요한 직책을 맡긴다. 그러나 능력이 뛰어난 사람들은 흔히 자기 나름의 행동패턴이 있어서 개성이 드러나기 마련이다. 그런데 사장들 가운데는 그런 그들을 이해하고 존중하는 것이 아니라 초장에 길들이겠다고 위엄을 세우려 하는 이도 있다. 그러나 일부 인재들은 그런 권위를 고분고분 받아들이지 않는다. '어디 뭐라고 하기만 해봐라. 바로 사표 던지고 나갈 거다. 너 같은 사람 모실 일 있냐? 어차피 갈 곳은 널렸고 능력 있는 사람은 손에 꼽는걸.' 어떤 상사들은 이렇게 한탄한다. "그 직원 섭섭하게 대한 적 없어요. 다른 직원들도 모두 그 친구한테 잘 대해줬어요. 그런데 그렇게 훌쩍 그만두다니, 자기만 아는 사람이지요!" 부하 직원들도 할 말이 없는 것은 아니다. "오로지 회사만 바라보고 살았어요. 명절이나 휴가까지 반납하고 일해왔는데, 사장은 관심도 없다니까요!" 현대판 '군주와 신하' 게임은 줄다리기 끝에 각자의 길을 가기로 하고 감정이 상한 채 헤어진다.

사장은 직원들이 자신을 믿고 따라와주고 언제나 열정적으로 일하며 효율성이 높은, 그런 조직을 그린다. 하지만 구체적으로 어떻게 그것을 실현할 수 있는가?

직원이 충성을 다하기를 원하는 사장은 반드시 직원에게 충성을 다할 이유를 명확히 밝혀야 한다. 반대로 사장이 예를 갖춰 대해주기를 바라는 직원은 반드시 사장에게 예우받을 만한 자질을 보여줘야 한다.

사장이 후하게 대한다고 반드시 직원이 충성을 다하지는 않는다. 또 직원이 충성한다고 반드시 사장이 특별히 더 대우해주지도 않는다. 그러나 아랫사람에게 너그럽고 윗사람에게 충성하는 것은 언제든 효과적인 방법이다. 인류가 이토록 오랜 세월을 진화해왔지만 그 본질과 보편성은 공자가 살았던 시대와 다르지 않다. 그러므로 "임금은 신하를 예로써 대하고, 신하는 군주를 충성으로써 대하는" 원리에 따라 사장은 직원을 너그럽게 대하고 직원은 사장에게 충성으로 대하면 전체가 조화를 이루니, 조직은 모든 사람의 역량을 효율적으로 응집하여 쌍방에게 이익이 되는 방향으로 잘 굴러갈 수 있다.

명예가 가면 그 뒤에 이익이 따라간다네

"군자는 세상을 떠난 뒤 이름이 일컬어지지 않을 것을 근심한다."

君子疾沒世而名不稱焉
군 자 질 몰 세 이 명 불 칭 언

―《논어》「위령공편」

         ❧   《청대황제비사(淸代皇帝秘史)》에는 건
륭제(乾隆帝)가 강남을 순시했을 때의 일화가 실려 있다. 강소성 진강
(鎭江)의 금산사(金山寺)에 이르러 경치를 바라보니 산 아래 동쪽으로
흐르는 장강 위로 수백 척의 배들이 오가고 있었다. 건륭제는 흥취가
일어 문득 곁에 있던 노승에게 물었다. "대사는 여기 수십 년을 계셨
는데, 매일 배가 몇 척이나 오가는지 아시오?" 노승이 대답했다. "소
승의 눈에 보이는 것은 두 척뿐입니다. 한 척은 명예욕, 다른 한 척은
이욕(利慾)을 실은 배입니다."

    태사공(太史公) 사마천(司馬遷)은 이렇게 말했다. "군자는 세상을 떠
난 뒤 이름이 일컬어지지 않을 것을 근심한다. 명성과 이익은 본디 덧
없는 세상에서 중시되는 것이니, 예로부터 이를 놓아버릴 수 있었던

이가 과연 얼마나 되겠는가?"

지은이를 알 수 없는 명나라 때의 저작 《어초한화(魚樵閑話)》에도 이런 말이 쓰여 있다. "이익과 명성을 도모하는 것이 마치 제비와 참새가 둥지를 틀고 지저귀는 듯하며, 사소한 것을 놓고 다투는 것이 마치 범과 이리가 먹이를 빼앗으려 으르렁거리는 듯하구나."

이런 말들을 보면 예로부터 사람들이 명성과 이익 때문에 얼마나 아귀다툼을 해왔는지를 알 수 있다. "천하가 평안하면 모두 명성을 좇아 모여들고, 천하가 어지러우면 모두 이익을 좇아 떠나간다"라는 말 그대로다.

이런 세태는 공자가 《논어》「위령공편」에 남긴 다음 말과도 관련이 있다. "군자는 세상을 떠난 뒤 이름이 일컬어지지 않을 것을 근심한다." 풀어 말하면, 군자가 진실로 우려하는 것은 죽음을 앞둔 마지막 순간에 세상 사람들이 자신의 이름을 알아줄 만한 업적을 남기지 못하는 것이다.

공자가 말한 '이름값'이란 곧 우리가 흔히 말하는 인기, 명예, 좋은 평판 등을 가리킨다. 사람들이 이런 가치를 추구하는 것 자체를 비난할 수는 없다. 이름값을 소중히 생각하는 일이 무엇이 잘못됐단 말인가. 사람들은 세상이 평화로울 때 명예와 이익을 함께 추구하다가, 명예를 알아주지 않을 정도로 세상이 부패하면 오로지 이익만을 좇지만, 명예와 이익은 사실 쌍둥이 형제 같은 존재다. 사회가 발전하면서 이름값을 추구하는 방법이 많아졌을 뿐이지, 명예를 추구할 때 이익도 따라왔다는 사실은 변함없었다.

유명해지는 것은 곧 이익으로 연결된다. 이름을 날리게 되면 이익을 낼 기회를 더 많이 갖게 되고 당연히 이익의 규모도 커진다. 어떤 형태건 일단 이름이 알려지면 이익이 생기고 기회가 찾아온다. 비록 사람들이 이름값을 얻으려고 애쓰는 동안 이익에 관해서는 아무 생각이 없었다고 해도, 이름이 알려지면 자연히 넉넉하게 수익을 챙길 만한 기회가 따라붙기 마련이다. 수천 년 동안 명성과 이익의 유혹은 계속 사람들을 끌어들이며 끊임없이 욕망으로 내몰았다.

오늘날 수많은 기업인과 유명인이 블로그를 개설하고 수시로 업데이트를 하며 관리하는 모습 역시 '이름값'의 작용으로 볼 수 있다. 현대사회에서는 인기가 성공 여부의 상당 부분을 결정하기 때문이다.

중국인터넷협회는 2007년 1월 10일에 공개한 《2006년 중국 인터넷 조사보고서》에서 중국 내 개설된 블로그가 2천80만 개에 달한다고 발표했다. 이 자료에 의하면 세계 최다 검색량 100위까지의 사이트 중 10퍼센트가 블로그였다. 2007년 1월 10일 정오를 기준으로, 인기 영화배우 쉬징레이(徐靜蕾)의 블로그 조회수는 7천1백만 회를 넘어섰고, 청소년작가 한한(韓寒)의 블로그는 5천4백만 회를 넘었으며, 부동산 거물 판스이(潘石屹)의 블로그도 거의 3천만 회에 다다랐다. 이렇게 엄청난 수의 블로그와 그보다 더 어마어마한 조회수는 블로그 시대 인맥 형성의 중요한 원천으로 요즘 세상에서 이름값이 얼마나 중요한지 보여준다.

IT업계 종사자들은 블로그의 출현이 인터넷 관련기술 발전이 일정 수준에 이르렀을 때 필연적으로 나타나는 현상이라고 본다. 블로그 인터페이스의 구축 기술은 더욱더 많은 이용자를 인터넷 콘텐츠의 생산에 참여하게 만들었다. 그 과정에서 블로그는 운영자에게 부와 성장 기회를 제공했다. 중국인터넷협회가 2007년 1월 10일에 공개한 보고서는 중국 내에서 2006년 블로그를 통한 영업 이익이 6억 5천만 위안에

달한다고 집계했다. 2005년 대비 85.71퍼센트나 성장한 금액이다. 이런 통계는 전통적 미디어와 마찬가지로 블로그가 의사 표현의 수단만이 아니라 부를 쌓는 수단으로 쓰일 수도 있음을 말해준다.

이름값은 우리 모두의 개인적 삶과도 밀접하게 관련된다. 인기가 개개인과 직접 연관된 이익을 좌우할 뿐 아니라 인생의 가치도 어느 정도 결정짓기 때문이다. 따라서 이름값을 높여 후세 사람들에게 칭송받는 것이나 인기를 얻으려는 시도는 사실상 사업에서 성공하고 공적을 남기는 길이 된다.

모든 일에 '적절함'을 생각하게

"지나친 것은 미치지 못하는 것과 같다."

過猶不及
과 유 불 급
—《논어》「선진편」

❧   옛사람들은 항상 어떤 일이든 정도를
조절해야 한다는 점을 강조했다. 지나치면 오히려 기대하는 것과 반대
의 결과가 나오며 차라리 하지 않은 것만 못하다는 것이다. 가정에서
자녀를 양육하는 행태에서도 '지나침'의 예를 찾아볼 수 있다.

우선, 과도한 영양 공급을 꼽을 수 있다. 보통 부모들은 아이들을
지나치게 잘 먹이려고 한다. 아이들이 건강하게 자라기를 바라며 혹시
영양이 부족하지나 않을까 걱정하는 마음에서 나오는 행동이지만, 필
요 이상으로 지나치게 잘 먹이는 것은 낭비일 뿐 아니라 몸에도 나쁜
영향을 미친다. 단백질과 지방의 과도한 섭취는 소화능력을 떨어뜨리
고 비만을 유발하며, 심신건강을 해친다. 둘째, 과도한 애정이다. 부
모가 아이들과 정서적 교감을 갖는 것은 꼭 필요한 일이지만, 연령대

에 따른 특성을 감안해야 한다. 지나친 애정 표현은 성 정체성 확립 시기에 부정적 영향을 끼칠 수 있다. '마더 콤플렉스'는 보통 여기서 연유한다. 셋째, 과도한 보살핌이다. 어린아이들을 보살피는 일은 연령이 높아짐에 따라 점차 줄여나가야 한다. 지나치게 일일이 챙겨주는 양육법은 스스로 판단하고 결정하는 능력을 박탈하며 아이가 심리적으로 위축되는 결과를 낳는다. 넷째, 과도한 교육열이다. 능력을 훨씬 벗어나는 수준을 요구하며 공부에만 매달리게 하면서 휴식하거나 놀 시간을 빼앗는다면, 아이는 지쳐버려 학습 내용을 따라갈 수 없게 된다. 다섯째, 과도한 기대를 품는 것이다. 적정 수준의 기대는 성장하는 동력이 되고 재능을 계발하는 데 도움이 된다. 그러나 연령대별 특성과 지적 능력을 고려하지 않은 맹목적인 기대는 아이의 의욕과 자신감만 꺾는다.

대학 졸업 동기인 A와 B는 같은 기업에 입사했다. 그러나 지금 두 사람의 지위는 큰 차이가 있다. 어찌된 사연일까? 이는 6개월 전에 있었던 일과 관계가 있다.

당시 사장은 주간 전체회의에서 한 가지 업무를 지시했다. 직원들은 사장의 말을 듣고 그가 미쳤거나 몽상을 지껄이는 것으로 생각했다. 그래서 사장이 직접 나서서 지시할 때까지는 다들 입을 다물고 있었다. 이때 A가 일어나 사장이 시킨 일의 문제점을 조목조목 지적하며 실행하기에 합당하지 않다는 의견을 말했다. 회의에 참석한 직원들은 모두 A의 용기와 대담성에 감탄했으나, 결과적으로 A는 사장과 일대일로 입씨름을 벌여야 했다. B의 반응은 이와 대조적이었다. 그는 이 말도 안 되는 임무의 책임자로 내정되었는데, 내내 입을 다물고 있다가 다음날 사장에게 임무 완수를 위한 계획서를 제출했다. 사장은 그 보고서를 보고서야 비로소 자신이 지시한 일이 얼마나 비현실적이었는지를 깨달았다. 그는 B를 입에 침이 마르도록 칭찬했다. 사장은 어디를 가든 B가 어떻게 일을 훌륭히 처리했는지 과장하여 치하했다. 당연히 회사 내에서 A와 B의 운명은 확연히 달라졌다. 결과적으로 A의 행위는 지나쳤고 B의 행위는 적절했다.

사실 공자는 이미 춘추시대에 제자와 이 문제에 관해 토론했다. 언젠가 자공이 물었다. "선생님, 자장(子張)과 자하(子夏)를 비교하면 언행이 누가 더 뛰어나다고 보십니까?" 공자는 이렇게 대답했다. "자장은 지나치게 앞서나가고 자하는 너무 몸을 사린다." 자공이 다시 물었다. "그렇다면 자장이 더 낫다는 말씀이십니까?" 그러자 공자는 이렇게 대답했다. "그렇게 말할 수는 없다. 앞서나가는 것과 몸을 사리는 것은 큰 차이가 없다. 둘 다 바른 길, 즉 합리적이고 적절한 중용의 상태에서는 벗어나 있다."

어떤 일이든 딱 알맞은 표준 혹은 적정선의 문제 해결책이 존재한다. 이 표준에 도달하지 못하거나 지나친 것은 모두 도움이 안 된다. 효과 면에서 미달 상태와 초과 상태는 별 차이가 없다. 예를 들어 어느 회사가 깐깐한 운영을 기본 방침으로 정했다고 하자. 이는 당연히 기업관리에서 채택할 수 있는 훌륭한 방침 중 하나지만, 엄격함이 지나쳐 가혹함으로 발전하면 반발 심리를 자극하여 화목한 직원 공동체 형성에 불리하게 작용할 수도 있다. 반대로 직원들에게 너그럽게 대하는 것을 운영 방침으로 정한 회사의 경우를 생각해보자. 너그러움이 지나치면 원칙이 무시되기 쉽고 직원들은 열심히 일하지 않게 되며 간부들의 지시는 권위가 서지 않는다. 그러므로 너그러움과 엄격함이 서로 조화를 이룬 상태, 즉 너그러워야 하는 곳에서는 너그럽고 엄격해야 하는 곳에서는 엄격하게 운영하는 조직, 너그러움과 엄격함이 각각 위력을 발휘하는 것이 이상적인 기업이다.

평화로운 세상을 꿈꾸는가

"임금은 임금답고, 신하는 신하다우며, 아비는 아비답고, 아들은
아들다워야 한다."

郡君 臣臣 父父 子子
군군 신신 부부 자자
─《논어》「안연편」

❖ 고소자(高昭子)의 추천으로 제나라 경
공(景公)을 만난 공자는 경공의 정치 고문 역할을 맡게 되었다. 이를 통
해 공자는 본격적으로 벼슬을 맡기 시작하고, 경공에게 자문하는 기회
를 이용하여 자신의 정치적 견해를 진술했다.

공자는 경공에게 국가를 다스리는 원칙을 다음의 여덟 자로 정리
하여 제안했다. 군군, 신신, 부부, 자자(郡君, 臣臣, 父父, 子子). 즉 '임금
은 임금답고, 신하는 신하다우며, 아비는 아비답고, 아들은 아들다워
야 한다'는 의미다. 임금과 신하, 아비와 아들은 각자 마땅히 행해야
할 도리를 지키고 역할에 맞는 요구와 규범에 따라야 한다. 나중에 한
대(漢代) 유학자 동중서(董仲舒)는 '임금은 임금답고, 신하는 신하다우

며, 아비는 아비답고, 아들은 아들다워야 한다'라는 이 관념을 왜곡하여 삼강오상(三綱五常)의 이론을 만들어냈다. 이 이론은 유가사상을 빌려 한무제(漢武帝)의 독재를 정당화하고 이후 봉건사회의 윤리도덕 규범이 되어 수천 년간 심대한 영향을 미쳤다.

공자가 목격한 춘추시대는 예악의 질서가 무너지는 시기였다. 당시에는 신하가 군주를 살해하고 자식이 아비를 죽이는 삿된 말과 패륜적 행동이 끊임없이 발생했다. 예를 들어 기원전 607년 진(晉)나라에서는 조천(趙穿)이 모시던 군주 영공(靈公)을 시해했다. 기원전 548년 제나라에서는 최서(崔抒)가 장공(庄公)을 죽였다. 비록 진나라 영공과 제나라 장공은 극도로 포악한 군주였지만, 공자가 보기에 이런 사태는 하극상의 난세임을 보여주는 징표였다. 그래서 공자는 이렇게 말했다. "천하가 평화로울 때 주나라는 주례(周禮)의 권위에 따라 중원의 정치와 군사 면에서 최고의 권력을 장악할 수 있었다. 그러나 지금은 천하가 어지러워져 제후와 대부는 모두 주례의 규정을 따르지 않고 주나라 천자의 권위에 복종하지 않으며 자신이 권력을 쥐고 농단하니, 백성도 의견이 분분하고 국가의 체통이 서지 않게 되었다."

그래서 경공이 공자의 숙소까지 찾아와 가르침을 청했을 때 공자는 이렇게 조언했다. "저의 정치적 이상은 이런 사회를 만드는 것입니다. 군주는 사회가 이상적으로 생각하는 군주의 모습에 완전히 부합하도록 노력해야 합니다. 그렇게 할 때 그 군주의 말과 행동은 모든 군주가 보편적으로 따르는 모범이 될 것입니다. 또 신하는 사회가 이상적으로 생각하는 신하의 모습에 완전히 부합하도록 노력해야 합니다. 그렇게 할 때 그 신하의 말과 행동은 모든 신하가 보편적으로 따르는 모범이 될 것입니다. 아비는 사회가 이상적으로 생각하는 아비의 모습에 완전히 부합하도록 노력해야 합니다. 그렇게 할 때 그 아비의 말과 행동은 모든 아비가 보편적으로 따르는 모범이 될 것입니다. 자식은 사회가 이상적으로 생각하는 자식의 모습에 완전히 부합하도록 노력해야 합니다. 그렇게 할 때 그 자식의 말과 행동은 모든 자식이 보편적으로 따르는 모범이 될 것입니다."

공자는 경공이 이해할 수 있는 가장 쉬운 말로 자신의 사상을 설명했다. 이야기를 다 들은 경공은 이렇게 감탄했다. "선생의 정치적 이상은 정말 훌륭하오! 임금이 임금으로서의 도리를 다하지 못하고, 신하가 신하로서의 도리를 다하지 못하며, 아비가 아비로서의 도리를 다하지 못하고, 자식이 자식으로서의 도리를 다하지 못한다면, 식량이 매일 다 못 먹을 만큼 넉넉히 주어진다 해도 한 나라의 위정자로서 과인이 어떻게 음식을 목구멍으로 넘기겠소?"

군주, 신하, 아비, 자식의 관계는 현대사회에도 여전히 존재한다. 공자가 말한 대로 '임금은 임금답게 처신하고, 신하는 신하답게 처신하며, 아비는 아비답게 처신하고, 자식은 자식답게 처신하는' 자세는 곧 현대의 기업 운영에서 중시되는 직책별 역할분담 및 책임소재의 구분 원칙과 통한다. 또한 '그 지위에 있지 않으면 관련된 일은 도모하지 않는' 원칙(본문 126쪽 참고)을 실천하는 것과 더불어, 임의로 참견하거나 다른 이의 결정을 방해하지 않는 태도를 의미한다. 이는 자신의 자리에 어울리는 덕성과 품행을 지니라는 요구이다. 공자는 또한 먼저 임금이 임금다워야 신하가 신하다워지고, 아비가 아비다워져야 자식이 자식다워진다는 점을 강조했다. 윗물이 맑아야 아랫물도 맑다는 원리는 항상 신중하면서도 엄격하게 적용돼야 한다.

회사의 최고 간부들이 철저하게 자기관리를 하지 못하고 관리자로서 마땅히 지켜야 할 모범을 보이지 못한다면, 어떤 명분으로 직원들에게 본분에 충실하라고 요구하겠는가? 사장들 가운데에는 유난히 부하 직원들의 일에 참견하는 것을 좋아하여 자기의 위엄을 드러내고 능력을 과시하려는 사람이 있다. 그러나 결과적으로 이러한 행동은 오히려 부하 직원의 의타심을 키우고 그들이 결정을 내리는 일을 피하게 만든다. '어차피 사장이 다 알아서 결정할 텐데 내가 뭐하러 사서 망신을 당하겠어?'라고 생각하고 나몰라라 하게 만드는 것이다. 이런 사고방식은 문제가 발생하면 책임소재가 애매해지는 결과를 낳는다. "당신이 이 부서의 책임자인데, 어떻게 책임감을 느끼지 않을 수 있소?"라고 부하를 꾸짖는 상사가 있을지 모른다. 사실 이런 질책은 자기 자신에게 돌려야 한다. 바로 자신이 참견해서 그 부서의 권리와 책임이 모호해졌는데 누구를 탓하겠는가? 그런데도 회사 고위층은 흔히 자신의 가치를 과대평가하여, 일단 기업에 문제가 생기면 우선 부하를 문책할 뿐이며 자신에게 책임이 있는지는 생각해보지 않는다. 또한 자신이 내린 결정은 무엇이든 옳다고 믿으며, 회사의 운영방침은 부하 직원의 문제점을 지적할 때만 적용하고 자신은 항상 모든 제도적 제약을 능가하는 위치에 있기를 원한다. 그러나 많은 경우 제도가 무력해지는 상황은 대개 고위층이 제도를 무시하는 데서 발생한다.

직원들에게 맡은 소임에 충실하도록 요구하는 것을 당연시하면서, 이를 자신에게 적용하는 것은 소홀히 하는 사장들이 적지 않다. 이들은 "임금은 임금답고, 신하는 신하다우며, 아비는 아비답고, 자식은 자식다워야 한다"라는 말을 새겨볼 필요가 있다.

위기가 닥치면 안(內), 나(我)를 먼저 보게나

"나는 계씨의 근심거리가 변경의 소국인 전유(顓臾)에 있는 것이 아
니라 담장 안, 다시 말해 계씨 자신의 형제들 사이에 있지 않을까
걱정스럽다."

吾恐季孫之憂不在顓臾而在蕭墻之內也
오 공 계 손 지 우 불 재 전 유 이 재 소 장 지 내 야

—《논어》「계씨편」

    ❦ 소장(蕭墻)은 옛날 궁궐에서 칸막이 용
도로 설치한 임시 담장을 가리킨다. 그래서 '화기소장(禍起蕭墻)'이라는
말은 보통 집안에서 재앙이 발생하는 것을 의미하며, 내부에서 문제가
생기는 것을 빗댄 표현이다. 이 말은 《논어》에서 나왔다. 당시 공자는
두 제자에게 가르침을 주면서 이렇게 말했다. "자로, 염구(염유, 冉有)
야. 너희 두 사람은 계씨를 보좌하고 있지만 먼 지방의 백성이 귀복하
지 않을 때 억지로 오게 할 수는 없는 법이다. 그런데 지금 나라가 사
분오열되어 지탱하기 어려운 처지가 되었는데, 계씨는 오히려 국경 내
에서 무력을 사용할 계획을 세우고 있지 않느냐. 나는 계씨의 근심거

리가 변경의 소국인 전유(顓臾)에 있는 것이 아니라 담장 안, 다시 말해 계씨 자신의 형제들 사이에 있지 않을까 걱정스럽다."* 공자가 이 말을 하고 나서 얼마 지나지 않아, 과연 계씨 집안 형제들 사이에서 권력 다툼이 발생했다.

사실 많은 이가 곤경에 빠지는 원인의 상당수는 외부가 아닌 내부에 있다. 사회라는 거대한 공간에서 각자 활동하는 영역은 겹치기 마련이고 각자에게 주어지는 기회도 비교적 균등하다. 그래서 그 기회를 잡을 수 있을지, 마음의 평정을 유지할 수 있을지, 즐겁고 만족스러운 삶을 영위할 수 있을지는 자신에게 달려 있는 경우가 많다. 이것이 공자가 말한 '화기소장'의 메시지이다.

총명한 사람은 내부에서 문제가 발생하는 것을 예방한다. 그래서 위기가 지나가고 나서 뭇사람과 대비되어 더욱 돋보인다. 대표적인 예가 부동산 개발업체 소호차이나의 판스이 회장이다. 그는 수많은 위기를 겪으면서 자신만의 독특한 방식으로 난관을 헤쳐나갔고, 결국 생각지도 못했던 큰 성공을 거두게 되었다.

1999년 8월, 판스이는 합작 파트너였던 덩즈런(鄧智仁)과의 불화가 심해졌다. 덩즈런은 판스이의 '꼴찌 도태' 제도를 이용하여 셴다이청(現代城)** 오피스텔의 영업사원 23명을 빼내갔다. 그중에는 판매 담

---

* 노나라의 권신 계강자가 자신의 봉지인 비읍(費邑) 부근에 있는 노나라 속국 전유를 정복하려 했을 때의 고사. 전유는 작은 나라였지만 국력이 튼튼하여 계강자는 노나라 공실이 전유를 이용하여 자신을 칠까봐 후환을 없애려 한 것이다. 공자는 계강자의 가신으로 일하던 자로와 염유가 이 일을 말리지 못한 것을 꾸짖었다.
** 베이징의 상업중심지 차오양 구(朝陽區) 국제무역센터 부근에 건설된 주상복합빌딩. 인기 여배우 판빙빙(范冰冰)의 거처로 유명하며 최근까지 외국인과 상류층 중국인이 선호하는 주거지로 각광받았다.

당 부사장 네 명이 포함되어 있었다. 그러자 판스이는 뜻밖의 대응책을 취했다. '셴다이청의 부사장 네 사람이 높은 봉급으로 스카우트된 내막'이라는 장문의 편지를 써서 베이징의 주요 언론매체에 흘린 것이다. 그는 이 사건을 이용하여 셴다이청에 대한 대중의 관심을 끄는 데 성공했다. 판스이는 이어 비수기인 겨울철에 공격적인 판매전략을 밀고나갔다. 그는 전례가 없는 위기를 오히려 국면 전환의 계기로 삼아 상황을 반전시켰다. 이 때문에 셴다이청의 지명도는 크게 높아졌다.

2000년 1월 8일, SOHO셴다이청의 분양 청약이 시작되었다. 그리고 이를 계기로 한때 세상을 떠들썩하게 했던 '판스이-런즈창(任志强) 전쟁'이 벌어졌다. 부동산업계의 또다른 거물 런즈창 회장은 초청에 응해 셴다이청 모델하우스를 참관하고 나서 많은 질문을 던졌다. 건물의 설계 콘셉트부터 기술적인 사항까지 조목조목 지적하며 날카롭게 비판하고 문제점을 물고 늘어졌다. 요컨대 런즈창의 결론은 한마디로 베이징의 창안제(長安街) 인근 지역은 셴다이청 같은 건물이 들어서기에 적합하지 않다는 것이었다. 그는 바로 공사를 중지하는 것이 최선의 선택이라고 못박았다. 그러나 런즈창의 부정적인 편지를 받은 판스이는 곧 관련사 간부와 전문가를 소집했다. 그는 편지에서 지적한 모든 문제에 관해 깊이 있는 자문을 구하고 연구를 진행하는 한편, 런즈창에게 답장을 보냈다. '혁신에는 용기가 필요하다 — 투기꾼이 채소농사꾼에게 보내는 답신'이라는 제목의 편지였다. 판스이는 답신에서 런즈창이 지적한 문제들을 일일이 반박했을 뿐 아니라 혁신의 가치를 극구 찬양했다.

1월 26일, 판스이는 진지하게 득실을 따져본 후, 서둘러 다음호 고객통신란에 런즈창과 주고받은 편지 두 통의 전문을 공개했다.

그후 〈베이징 청년신문(北京靑年報)〉 〈재정경제시사신문(財經時報)〉 〈명품가이드(精品購物指南)〉 등의 언론매체가 대대적으로 보도하면서 SOHO센다이청은 일약 화제로 떠올랐다. 논쟁은 분양 물량이 다 팔린 후 자연스럽게 수그러들었는데, 판스이는 그 과정에서 나온 SOHO센다이청에 관한 비판의 글들을 수집하여 《SOHO센다이청 비판》이라는 제목의 책으로 펴냈다. 처음에는 무료 배포 카탈로그 형식으로 제작했다가, 나중에는 출판사의 제안을 받아들여 정식 단행본으로 공개 간행했다.

어떤 이는 그를 이렇게 평가했다. "판스이가 업계에서 가장 돈을 많이 번 인물은 아닙니다. 훙스(紅石公司, 소호차이나의 전신 회사)도 자산 규모 면에서 가장 큰 기업은 아니지요. 하지만 그는 중국 부동산업계에서 가장 인기 있는 인물임에 틀림없습니다."

이처럼 언론매체를 잘 이용하는 판스이의 능력은 위기가 닥칠 때마다 능숙하게 발휘되었다. 이는 그가 위기를 겪거나 내부에서 문제가 생겼을 때, 항상 우선적으로 그 상황의 긍정적 측면을 생각하고 언론과 협조적 관계를 잘 유지했기 때문이다.

왕쩡치(汪曾祺)***가 《타이산의 돌조각(泰山片石)》에서 이렇게 자신의 감상을 말한 것이 기억난다. "위대한 타이산을 어떻게든 올라가보고 싶었지만 나는 쇠약한 늙은이라 방법이 없었다. 멀리서 바라보다가 뒷걸음치니 마음이 안타까웠다." 그러나 늙고 쇠약한 왕쩡치는 우뚝

*** 1920~1997. 장쑤 성 가오위(高郵) 출신의 작가. 단편소설과 수필 중심으로 많은 작품을 남겼다. 중국 전통과 유가사상의 영향을 많이 받은 탓에 문화대혁명 기간에는 장자커우(張家口) 지역에 하방되기도 했다.

솟은 태산을 바라보고 뒷걸음친 후에 결코 그것 때문에 우울한 감정에 빠지지 않았다. 그는 한바탕 시원하게 웃어버리고 절친한 벗 린진란(林斤瀾)을 불러내 타이산 아랫자락에서 함께 황주(黃酒)를 마셨다. 술이 들어가니 기분이 풀리고 마음이 포근해졌다. 왕쩡치는 애쓰며 고생스럽게 산을 올라가는 젊은이들을 보며 의기양양하게 이렇게 말했다. "자, 보게나. 우리는 타이산을 어찌해볼 수 없었지만 타이산도 우리를 어찌해볼 수가 없다네. 비록 등반의 보람은 얻지 못했지만, 약주를 맛보는 즐거움은 한껏 누렸잖은가."

어떤 일이 닥쳐오든, 우리는 자기 자신에게서 해결책을 찾아내는 데 익숙해져야 한다. 또한 왕쩡치가 남긴 삶의 지혜에서도 자신의 분수를 알고 처세하는 방법, 능력을 벗어나는 일을 자신에게 강요하지 않는 태도를 배워야 한다.

2

성공, 그 순환선에서

얽매여 살지 마시게

"제가 바라는 것은, 봄과 여름 환절기의 맑은날에 두꺼운 솜옷을 벗어버리고 가벼운 여름옷으로 갈아입고, 벗들을 불러서 강가에 나가 목욕을 즐기는 것입니다. 그후에는 노래를 부르면서 한참 흥이 오르면 집으로 돌아옵니다." 공자는 그 말을 듣고는 감탄하며 말했다. "나도 그런 삶을 즐기고 싶구나."

莫春者 春服旣成 冠者五六人 童子六七人 浴乎沂 風乎舞雩
모춘자 춘복기성 관자오육인 동자육칠인 욕호기 풍호무우

詠而歸 夫子喟然嘆曰 吾與點也
영이귀 부자위연탄왈 오여점야

—《논어》「선진편」

🌸 공자는 죽고 사는 문제에 장자나 노자처럼 초연하지는 못했다. 어느 정도는 일부러 회피한 느낌도 든다. 《논어》「선진편」에서 계로(季路)*가 귀신을 섬기는 법에 관해 물었을 때, 공자는 이렇게 대답했다. "능히 사람을 섬기지 못하면서, 어찌 능히 귀신을 섬기겠느냐?" 다시 계로가 물었다. "감히 죽음을 여쭙나이다." 공자가 대답하기를 "삶을 알지 못하면서 어찌 죽음을 알겠느냐?"

제자가 죽음이 어떤 것인지 물었을 때, 공자는 삶에 관한 것도 모르는데, 어떻게 죽음을 알겠느냐며 미적지근한 태도로 즉답을 피했다.

공자는 무척 바쁜 인물이었다. 많은 나라를 순방하며 자신의 정치사상을 설파하고, 제자들을 살펴 자질에 따라 가르침을 베풀었다. 또 한편으로 심신을 즐겁게 해줄 음악도 익혔다. 공자는 삶에 이토록 충실했기에, 굳이 죽음이라는 문제를 생각하고 싶지 않았을 것이다. 반면 불교는 사망과 사후세계에 관해 매우 구체적이고 생생하게 묘사했다. 특히 자비로운 지장보살은 스스로 18층 지옥까지 내려가 살펴본 뒤 본 것들을 기록하여 세상에 알렸다. 사후세계를 인식함으로써 사람들이 착한 일을 하고 윤회의 고통에서 벗어나길 바랐기 때문이다.

티베트의 영적 스승 소갈 린포체(Sogyal Rinpoche)는 사람들이 죽음에 대해 이해하지 못한 탓에 생명을 무절제하게 취급하고, 길을 잃고 헤매며, 제멋대로 도리에서 벗어난 삶을 사는 것이라고 보았다.

머우쭝싼(牟宗三)**도 비슷한 관점에서 현대인의 종교생활을 비판했다. "안타깝게도 중화민국이 세워진 이후에도 왜곡된 정신으로 인한 폐해가 여전히 만연해 있다. 자신을 돌아보지 않으면서 과학적 방법론만 떠받드니 병폐는 더욱 심해진다. 사람들은 대상의 외면을 연구하는 학문에만 몰두하고, 생명의 본질을 탐구하는 것도 학문임을 인식하지 못한다. 과학만을 이야기하고 과학적 방법으로 도출된 외연적 진리(extensional truth)만을 진리로 여기며, 생명의 본질에 담긴 내용적 진리(intensional truth)는 진리로 여기지 않는다. 결과적으로 생명의 본질은 학

* 자로(子路)와 동일인물이라는 설이 유력하다.
** 1909~1995. 산둥 태생의 타이완 철학자. 현대 신유가사상의 전문가로 꼽힌다.

문적 연구나 진리 추구의 대상으로 인식되지 못하고 비뚤어진 감각의 충동이라고만 여기게 되었다. 자질구레한 바깥의 대상에만 생각을 집중하니 자신의 생명력은 더욱 분열되어 약해지고, 오감이 왜곡된 가운데 칠흑 같은 어둠 속으로 떨어지고 말았다. 이렇게 오염된 정신으로 무슨 과학적 진보를 이룰 수 있겠는가? 민주적 국가 건설을 위해 무엇을 할 수 있겠는가? 물론 과학적 진리를 추구하고, 민주적 국가를 건설하는 것은 민족의 본성을 일깨우는 중요한 과업이다. 하지만 본성을 일깨운다는 것은 곧 생명과 관련된 일이기에, 생명의 본질과 관련된 학문에 의거하여 그 내용을 확대 발전시켜야 한다. 그런데 우리 사상계는 그 기틀을 확립하지 못했고, 학술 연구의 편향성도 바로잡지 못했다. 그리고 우리 민족의 본성도 일깨워 응집하지 못했다."

《독자(讀者)》지에 실린 에피소드 한 가지를 소개한다. 어느 여성이 부자 동네에 집을 한 채 구입했다. 신이 나서 이사를 했는데, 몇 달 살지 못하고 싫증을 느껴 도로 이사해 나왔다. 아무리 노력해도 자신이 이웃들보다 열등하다는 느낌을 극복할 수 없어서였다. 그녀는 결국 심각한 우울증에 빠졌다.

이 여성이 삶의 즐거움을 누리지 못한 것은, 남들보다 물질적으로 잘사느냐 못사느냐가 인생의 행복을 재는 척도였기 때문이다. 우리가 물질적·세속적 사회 속에서 살아가는 것은 엄연한 사실이지만, 그렇다고 마음까지 세속적·물질적 관념에 완전히 사로잡히면 즐거움과 행복을 맛볼 수 없다.

공자는 온종일 나라를 걱정하고 백성을 걱정하는 우국청년이 아니었다. 그가 이상적으로 생각한 삶을 살펴보면 어떤 경우에는 매우 소시민적 성향을 보였다.

언젠가 공자와 제자들이 함께 모여앉아 차를 마시며 이야기를 나누고 있을 때였다. 공자는 모두에게 각자의 인생 목표를 이야기해보자고 제안했다. 성격이 급한 자로는 스승의 말이 끝나기도 전에 가장 먼저 일어서서 자신의 꿈은 대국의 정치가가 되어 국가와 백성을 부유하게 하는 것이라고 했다. 공자는 별로 대견하게 여기지 않았다. 염유는 그보다 작은 나라를 다스려보고 싶다고 했다. 공서화(公西華)도 벼슬길에 나아가 요직을 맡기를 원했는데, 의례를 담당하는 직책을 선호했다. 증석(曾晳)만이 아직 발언을 하지 않았다. 공자가 그에게 묻자, 증석은 자신의 꿈은 앞서 말한 세 사람에 비해 보잘것없는 것이라고 말했다. 공자가 그래도 괜찮다며 말해보라고 독려했다. "여기 다른 사람은 없지 않나. 한번 말해보게." 그제야 증석은 차분하게 말했다. "제가 바라는 것은, 봄과 여름 환절기의 맑은 날에 두꺼운 솜옷을 벗어버리고 가벼운 여름옷으로 갈아입고, 벗들을 불러서 강가에 나가 목욕을 즐기는 것입니다. 그후에는 노래를 부르면서 한참 흥이 오르면 집으로 돌아옵니다." 공자는 그 말을 듣고는 감탄하며 말했다. "나도 그런 삶을 즐기고 싶구나."

첸무(錢穆)***는 공자가 증석의 말을 듣고 보인 반응을 분석하여 이렇게 평가했다. "공자는 한가로운 날에 거친 음식을 먹고 팔베개하고 누워 여유롭게 사는 소박한 즐거움에 공감하는 인물이었다. '뗏목을

*** 1895~1990. 장쑤 성 우시(無錫) 태생의 타이완 역사학자, 철학자, 교육자. 특히 주자학의 전문가로 수많은 저술을 남겨 '국학대사(國學大師)'로 불렸다.

타고 바다를 건너가 동이의 땅에서 살고 싶다'는 말도 이와 통한다. 증석의 말에 그 생각을 다시 떠올리고 자신도 모르게 감개무량하여 감탄했다고 본다."

공자는 우리가 날마다 야근에 시달리며 집과 회사밖에 모르는 지루한 삶을 살기를 권하지 않았다. 그래서 천하 만민의 고통을 보살피겠다는 자로의 위대한 포부에 대해서는 '(비웃는 의미로) 빙그레 웃은' 것이다. 그렇다고 어느 환경운동가가 주장한 것처럼 대자연을 사랑한 환경보호 투사도 아니었다. 이것은 더도 덜도 아닌 딱 일개 소시민의 정서다. 즉 교외로 놀러 나가고, 봄놀이를 하고, 운동을 하고, 노래를 부르고, 한 무리의 사람들을 사귀면서 '음악은 홀로 즐기는 것이 많은 사람과 더불어 즐기는 것만 못하다'****는 사상을 실천한 셈이다. 그런 공자는 시끌벅적한 것을 좋아했다. 그는 홀로 골방에 처박혀 있는 철학자, 혹은 항상 혼자 심사숙고하는 폐쇄적 인물이 아니었다. 그래서 어디에 가든 항상 한 무리의 사람들과 함께했다.

공자는 선생으로서 원숙해질수록 사회적 교제를 더욱 중시했다. 그는 인간이 홀로 살아갈 수 없는 존재이며, 관계를 통해서만 진보하고 즐거움을 얻을 수 있음을 알고 있었다. 그러니 그가 바랐던 교외 나들이도 개인적 여행이 아니라 단체 유람이었을 것이다. 그는 군중 속에서 살았고, 온종일 부지런하고 충실하게 살았다. 생사나 귀신 등의 답

**** 《맹자》「양혜왕 하편」에 나오는 고사에 비유한 표현. 음악을 좋아하는 제나라 왕이 혼자 음악을 즐기는 것과 다른 사람과 함께 즐기는 것 중 어느 쪽이 나은지 물었을 때 맹자는 다른 사람과 함께, 그리고 가급적 많은 사람이 함께 즐길 것을 권했다.

이 없는 문제는 생각조차 하기 싫어했다.

말하기 부끄러울 정도의 평범한 작은 일들로부터 즐거움을 얻는 인생이야말로 비로소 활달하고 대범한 인생이다. 이렇게 생활할 때, 비로소 물욕에서 벗어날 수 있고 자기 그릇 속 요리의 향기를 맛볼 수 있으며, 다른 사람 냄비 속의 고깃국을 탐내지 않게 된다.

도저히 참을 수 없으면 떠나게, 미련없이

공자가 시냇가에서 이렇게 말했다. "흘러가는 것이 이렇구나. 밤낮
으로 그치지 않는구나!"

子在川上曰 逝者如斯夫 不舍晝夜
자 재 천 상 왈　서 자 여 사 부　불 사 주 야
―《논어》「자한편」

        🦋 공자가 살던 춘추시대는 제후들이 여
기저기서 세력을 키우던 시기였다. 권력은 아래로 이동하고, 주 왕실
의 천자에겐 광활한 국토에 대한 통제권을 행사할 능력이 없었다. 그
리고 각지에서 야심가들이 고개를 들었다. 각국은 나라를 잘 다스리
기 위해 우수한 인재를 적극적으로 유치하려고 했다. 요새 말로 표현
하면, 핵심 인재를 끌어들이기 위해 기업들이 적극적으로 리크루팅을
하는 형국이었다. 그래서 공자가 여러 나라를 돌아다니며 각국의 군주
를 평가할 때도, 이번엔 이 집에서 이틀쯤 묵어보고 마음에 들지 않으
면 다른 집에 가서 살펴보는 식으로 자유롭게 군주의 인물됨과 수준을
가늠했다. 하지만 결국 그는 특정 군주를 위해 봉사하지 않기로 하고,

아예 스스로 제자들을 길러내는 학교를 열었다. 그리고 자신의 강점을 발휘하여 유파를 따지지 않고 가르침을 베풀면서 널리 문도를 받아들였다. 물론 정치적 이상 실현을 완전히 포기한 것은 아니었기에 때로 괴로워했지만, 이 기간 동안 공자는 전반적으로 초연하고 여유로운 태도로 생활했다. 사실 생전에 공자는 정계에서 푸대접을 받았다. 학자 분위기가 너무 두드러졌고, 타협 없이 원칙을 지키려다 보니 세상을 떠돌며 고초를 겪을망정 권력에 영합하고 비위를 맞추려 하지 않았기 때문이다. 무릇 세상사는 모두 양면성이 있다. 그 덕에 공자는 방문하는 나라에서 후한 대접을 받기는커녕 가는 곳마다 일이 꼬였음에도 그의 명성은 점점 높아졌다.

춘추시대의 충(忠) 개념과 후대의 충 개념에는 약간의 차이가 있다. 그 시절의 충은 사람이 아니라 일에 초점이 맞춰져 있었다. 그런데 나중에 인재시장이 독점되자, 유생들은 대학과 대학원을 마치고도 오직 한 기업에 취업할 수밖에 없는 상황이 벌어졌다. 그 과정에서 충의 의미가 변질되어 심지어 "충신은 두 임금을 섬기지 않고 열녀는 두 남편을 섬기지 않는다" 같은 변태적 이론도 생겨났다. 그 때문에 황제가 아무리 말도 안 되는 소리를 해도, 신하들을 아무리 무시하고 멋대로 다뤄도, 아랫사람의 입장에서는 고분고분 참는 수밖에 없었다. 지식인들은 카멜레온처럼 이리저리 색을 바꿔가며 적응하려 노력했지만, 어떤 이는 인격조차 분열되는 지경에 이르렀다.

공자는 '찬란한 대통일의 시대'를 경험하지 못했다. 그의 시대에는 어디를 가든지 자유롭게 선택할 수 있었다. 벼슬하는 선비에게 부당한 대접을 하는 군주가 있다면, 군주에게 호의적이었던 인재들도 판단을 달리했고 군주에 대한 부정적 평판도 퍼져나갔다. 그래서 공자는 거리낌없이 이렇게 말할 수 있었다. "도가 행해지지 않으면 뗏목을 타고 바다로 나가리라."

한 방법에만 고지식하게 매달리지 말라. 공자는 제자들이 한 가지에 오래 집착하지 않게 하였다. 지금 하는 일이 자신과 맞지 않거나, 사장이 자신을 존중하지 않거나, 혹은 몸담은 기업이 부정직한 방법으로 돈을 버는데도, 어쩔 수 없다고 생각하여 도저히 못 견딜 지경이 될 때까지 버티는 경우를 많이 본다. 하지만 어떤 식으로든 자신의 능력으로 상황을 바꿀 수 없다는 판단이 서면 미련없이 떠나라. 더 넓고 자유로운 곳에서 능력을 발휘하고 즐겁게 일하면서 행복하게 생활하라.

계획경제 시대에는 직업과 앞날을 선택할 자유가 개인에게 없었다. 일단 배치가 되면 대개는 일터를 집처럼 여기며 한평생을 지낼 뿐이었다. 그러나 이제는 인재시장의 독점이 깨지고 이직은 일상적인 일이 되었다. 물론 이직이 너무 잦은 것은 좋지 않다. 하지만 한 직장 내에만 틀어박혀 있는 것 역시 현명한 처신은 아니다.

공자는 꽉 막힌 사람을 싫어했을 뿐 아니라 일체의 독점행위를 싫어했다. 인생은 수십 년에 불과한데, 미루고 꾸물거리는 사이 세월은 그대로 흘러가버린다. 《논어》「자한편」에서 공자는 시냇가를 보며 이렇게 말했다. "흘러가는 것이 이렇구나. 밤낮으로 그치지 않는구나!"

끊어야 할 때 끊지 못하면 반드시 어려움을 만난다. 현재의 삶과 일이 이미 껍데기만 남아버렸다고 느낀다면 과감히 내려놓아야 한다. 미술비평가 무신(木心)*은 이렇게 말했다. "어떤 곳과 당신이 점점 닮아간다면 그때가 바로 떠나야 할 시기다."

떠나든 한곳에 계속 머물든, 자기 자신에게 충족감을 준다면 상관없다. 공자가 "뗏목을 타고 바다로 나간다"는 말을 꺼냈을 때는, 가슴속에 분명히 큰 바다와 같은 광활함과 평온함이 준비되어 있었을 것이다. 세상의 살아가는 이치는 모두 마찬가지다. 뭔가를 바꾼다는 것은 결국 자신의 마음 상태에 달렸다.

---

* 1927~ 저장 성 출신의 미국 국적 소설가, 미술비평가.

스펙보다 더 중요한 건 말일세…

"군자는 아홉 가지를 생각해야 한다. 볼 때는 밝음을 생각하며, 들을 때는 분명함을 생각하며, 얼굴빛은 온화함을 생각하며, 몸가짐은 공손함을 생각하며, 말은 충실함을 생각하며, 일처리는 공경함을 생각하며, 의심에는 물음을 생각하며, 화날 때는 어려움을 생각하며, 이득에는 의로움을 생각한다."

君子有九思 視思明 聽思聰 色思溫 貌思恭 言思忠 事思敬
군 자 유 구 사 시 사 명 청 사 총 색 사 온 모 사 공 언 사 충 사 사 경

疑思問 忿思難 見得思義
의 사 문 분 사 난 견 득 사 의

—《논어》「계씨편」

❀ 성공이라는 것은 천시(天時)만이 아니라 지리(地理)도 얻어야 하고, 무엇보다 인화(人和)가 결정적인 역할을 한다. 이 개념은 전국시대 맹자의 성공학이다. 물론 노력하지 않으면 성공하지 못한다. 그러나 좋은 기회를 잡지 못하면 아무리 열심히 준비해도 허사가 된다. 하지만 사람은 시대를 선택할 수 없고 태어날 집안과 태어날 나라도 마음대로 고를 수 없다. 공자는 이런 사실을 잘 알

고 있었다. 그러나 공자는 다른 어떤 조건보다도 세계를 어떻게 인식하고 생각하느냐를 결정하는 개인의 사유 방식이 성공에 가장 결정적인 작용을 한다고 보았다. 《논어》「계씨편」에서 공자가 한 말에 귀 기울이길 바란다.

"군자는 아홉 가지를 생각해야 한다. 볼 때는 밝음을 생각하며, 들을 때는 분명함을 생각하며, 얼굴빛은 온화함을 생각하며, 몸가짐은 공손함을 생각하며, 말은 충실함을 생각하며, 일처리는 공경함을 생각하며, 의심에는 물음을 생각하며, 화날 때는 어려움을 생각하며, 이득에는 의로움을 생각한다."

현대어로 풀어 옮겨보면, 골자는 이렇다. '군자가 군자다워지는 조건들은 다음과 같다. 사물이 발전하는 큰 흐름과 함께 세부사항까지 살핀다. 칭찬을 들어도 섣불리 판단하지 않고 반대되는 의견에 귀를 기울인다. 사람을 대할 때는 부드러운 얼굴에 즐거운 표정을 지으며 점잖고 예의바르게 행동한다. 옷차림새는 깔끔하게 유지하고, 슬리퍼를 질질 끌며 연회에 참석하는 등의 행동은 하지 않는다. 발언할 때는 확실히 아는 것만을 진지한 태도로 말한다. 일처리는 직접 현장에 가서 보고 합리적으로 결정한다. 의심스러운 것은 그때그때 다른 사람에게 묻는다. 다른 사람 때문에 불쾌한 일이 생겨도 상대방의 입장에서 생각하며 최대한 이해하려고 노력한다. 떳떳한 행동만 하고, 출처가 불분명한 재물은 받지 않는다.'

이 아홉 가지 사유 지침은 얼핏 보기에는 쉬운 듯하고, 말로 논하기에도 딱히 번거로운 일은 아닌 것처럼 보인다. 하지만 실제로 행해보면 실천하기 어려운 덕목들이다. 특히 "화날 때 어려움을 생각한다

(忿思難)"와 "이득에 의로움을 생각한다(見得思義)" 두 항목이 쉽지 않다. 사랑이 깊어질수록, 관계가 좋아질수록, 일단 불화가 생기면 원망하는 감정은 더욱 강렬해지고 관계도 점점 더 악화된다. 예전에 어떤 사이였든 모두 문제투성이로만 보인다.

예를 들어보자. 여기 이혼하려는 부부가 있다. 이들이 조금만 다시 생각해서 상대방의 장점을 볼 수 있다면 참으로 좋을 것이다. 하지만 서로 상대의 단점만을 들추고 결혼의 잘못을 어떻게든 상대방에게 돌리려는 모습만 보인다. 그들은 재산 분할에만 관심이 있고 의무에는 관심이 없다. "서로 만날 시간을 갖기도 어렵지만, 이별하기 또한 어렵구나"*라고 노래한 옛 시구 딱 그대로이지 않은가?

사업 관계도 마찬가지다. 동업 초기에는 서로에게 긍정적이다. 그러나 협력이 깨지고 반목하기 시작하면 파트너의 크고 작은 실수와 잘못들이 부풀려 보인다. 이럴 때 사람들은 항상 자기가 더 사업에 크게 공헌했고 돈과 정력을 더 많이 투자했으니, 당연히 더 많은 몫을 가져야 한다고 주장한다. 마치 상대방이 무임승차라도 한 것처럼 말이다. 친밀하고 격의 없던 동업자는 이런 식으로 장애물로 변하고 심지어는 냉혹하고 무정한 배신자 혹은 적으로 돌아선다. 세상 사람들 가운데 진정으로 서로 이해하는 이들은 극소수다. 붓다는 "배를 같이 타는 것도 백 년의 인연이다"라고 했다. 돈과 권력이 있어서 나쁠 것은 없지만 두터운 정과 의리로 맺어진 관계가 훨씬 얻기 어렵다.

"이득에 의로움을 생각한다"는 의미의 견득사의(見得思義)는 어느

---

* 相見時難別亦難. 당나라 때 이상은(李商隱, 812~858)의 무제시의 일부. 멀리 떨어져 서로 그리워하는 연인의 감정을 표현한 작품이다.

정도 서양 정치학의 '절차적 정의'** 원칙과 닮았다. 유가에서는 절차적 정의를 매우 중시했다. 공자도 어질지 못하고 의롭지 못한 광경을 보면 "부귀는 내게 뜬구름과 같다"라며 거부했다. 실제로 군자는 모든 것을 바치는 순수 이타주의자가 아니다. 군자에게도 자신의 삶이 있고 지켜야 할 품위가 있으며, 누려야 할 즐거움이 있다. 다만 진정한 의미의 성공을 이룬 사람은 재물과 권력을 얻기 위해 인의를 망각하지 않는다. 사람 마음은 유혹 앞에서 한없이 약해진다. 많은 부정부패와 불의가 대수롭지 않은 불법적(의롭지 못한) 수입을 챙기는 것에서 출발했다는 것을 우리는 잘 알고 있다. 이익 추구와 올바른 처신의 마지노선 사이에 충돌이 발생할 경우 당신이라면 과연 끝까지 자제심을 발휘할 수 있는가?

공자의 성공학은 우리에게 수단과 방법을 가리지 않고 이익을 쟁취하는 방법을 가르친 적이 없다. 또한 인생의 국면마다 골고루 써먹을 수 있는 36계 같은 권모술수를 가르친 적도 없다. 신통방통한 묘법을 기대하는 사람에겐 그저 따분한 입바른 얘기로 들릴 것이다. 그러나 눈앞에 어른거리는 탐나는 물건에 막 손을 뻗으려는 순간, 공자의 가르침을 따른다면 땅을 치고 후회할 사태를 피할 수 있다.

** procedural justice. '절차적 공정성' 혹은 '절차적 정의'로 번역된다. 모든 구성원에게 공정한 규칙과 절차에 따라 균등한 기회가 주어지는 것을 의미한다.

다수결의 맹점을 고려해야 하네

자공이 물었다. "마을 사람들이 모두 좋아하면 어찌해야 합니까?"
공자가 대답했다. "옳지 아니하다." "마을 사람들이 모두 싫어하면
어찌해야 합니까?" "옳지 아니하다. 마을 사람들 가운데 착한 이가
좋아하고, 그중 악한 이가 싫어하는 것만 같지 못하다."

子貢問曰 鄉人皆好之 何如 子曰 未可也 鄉人皆惡之 何如 子曰
자공문왈 향인개호지 하여 자왈 미가야 향인개악지 하여 자왈
未可也 不如鄉人之善者好之 其不善者惡之
미가야 불여향인지선자호지 기불선자악지

—《논어》「자로편」

    ❧ 대중의 의견은 정말 믿을 만한가? 만
일 대중의 의견이 충분히 신뢰할 만한 것이라면, 아테네 시민이 투표
를 통해 당시 최고의 현자 소크라테스를 죽이는 일이 벌어졌을 리가
없다. 소크라테스에게 돌아온 것은 결국 한 잔의 독주였다. 또한 중세
에 공개적으로 화형을 당한 영웅 가운데서도 당시 군중의 연민을 얻었
던 이는 극소수였다.

    중국의 경우도 비슷하다. 명나라 말기, 숭정제는 홍타이지의 반간

계에 넘어가 전방에서 청나라에 대항해 싸우던 유능한 지휘관 원숭환(袁崇煥)을 처형했다. 처형 방식도 잔인하기 그지없는 과형(剮刑)*이었다. 슬프게도 당시 북경의 백성은 시비를 가리지 못하고, 충성을 다해 직분을 지킨 원숭환 대장군을 적과 내통하고 나라를 배신한 몹쓸 인간으로 여겼다. 루쉰(魯迅)의 단편소설 〈약〉에도 비슷한 이야기가 있다. 이렇듯 시비를 가리고 평가하는 능력 면에서 군중은 자주 오락가락하는 경향이 있다. 어부가 굴원(屈原)에게 마치 물이 흐르듯 시류를 따르라고 권했지만, 그가 자신의 원칙을 버리지 않고 흠 없이 처신한 것을 생각해보라.

어떤 제자가 공자에게 굴원에 관해 물었을 때 그는 굴원의 태도를 칭찬했다. 그것을 보고 이렇게 반응하는 이가 있을지 모르겠다. "공자는 대중을 믿지 않는 건가?" 그러나 공자는 덮어놓고 대중을 믿지 말라고 한 것이 아니다. 다만 경우에 따라 선택적으로 믿어야 한다고 보았다. 《논어》「자로편」의 다음 문답을 보자.

자공이 물었다. "마을 사람들이 모두 좋아하면 어찌해야 합니까?" 공자가 대답했다. "옳지 아니하다." "마을 사람들이 모두 싫어하면 어찌해야 합니까?" "옳지 아니하다. 마을 사람들 가운데 착한 이가 좋아하고, 그중 악한 이가 싫어하는 것만 같지 못하다."

자공이 공자에게 물은 것은 평가의 기준이었다. 사람들이 모두 좋아하는 것으로 원칙을 삼을 수 있는가에 공자는 부정적으로 답변했다. 다만 대중 가운데 자질과 품격이 있는 이의 판단이라면 믿을 만하다고

---

* 죄인의 살점을 시간을 두고 천천히 발라내 최대한 고통을 주는 방식의 처형. 근대화 시기 서양에 중국문명의 낙후성과 야만성을 상징하는 요소로 받아들여졌다.

보았다. 또한 대중이 모두 싫어한다고 해서 반드시 정당한 것은 아니며, 만일 자질이 떨어지고 품위가 부족한 이들이 싫어하는 대상이라면 가치 있는 것일 수도 있다는 입장이었다.

지나치게 많은 정보가 범람하는 현대사회에서는 사람들이 선택의 기로에 서는 경우가 점점 많아진다. 그렇다 보니 뭔가 결정을 내려야 하는 상황에서는 어느 정도는 참고할 만한 외부 정보에 의지하게 된다. 예를 들어 친구를 불러 함께 식사하러 간다고 치자. 당신은 인터넷 검색을 통해 근처에 어떤 맛집이 있는지를 찾아볼 것이다. 이것은 기본적으로 대중의 눈썰미를 신뢰하는 태도다. 하지만 분위기가 좋은지, 요리가 맛있는지, 서비스가 친절한지를 꼼꼼하게 확인하고 기대에 부풀어 찾아갔는데, 실제로는 그저 그런 곳으로 판명나는 경우도 있다.

프랑스인이 편집하는 《기드 미슐랭》은 권위 있는 미식가가 현장을 방문하여 맛을 검증한 뒤 발간되는데 대중의 호응도가 높다. 이렇듯 전문가의 조언은 시간과 비용 면에서 유용할 때가 많으며, 이는 경제학의 원리에도 잘 들어맞는다.

선악과 시비의 구별은 반드시 충분한 사실적 근거를 파악한 뒤 이루어져야 한다. 또한 일정 수준의 비평능력을 갖춘 사람이 맡아야 한다. 그러나 일반 대중은 이런 면에서 부족할 때가 많다. 인터넷 시대라고 하는 요즘에 비밀이라 할 만한 것이 없어졌지만, 여기에도 주의해야 할 점이 있다. 비밀은 없어도 고의적으로 위조하거나 무의식적으로 왜곡시킨 가짜 정보들이 허다하다는 것이다. 대중의 환심을 사는 가짜 뉴스, 전혀 가치가 없는 가짜 권위도 있다. 넘쳐나는 주장과 정보 가운데 어떻게 옥석을 가릴 것인가?

2003년 사스(SARS)가 유행할 때의 일이다. 사스를 예방한다는 수많은 민간요법이 등장했다. 사람들은 그 당시 이성적 판단이라고 할 수 없는 반응을 보였다. 누구누구는 무슨 약을 먹었다는 둥, 나는 이러이러한 약을 먹었다는 둥, 뜬소문이 수없이 돌아다녔다. 그리고 약국에 줄을 선 사람은 일개 소시민만이 아니었다. 인망이 높고 존경받는 고등교육기관의 교수도 약을 사려고 대열에 끼어들었다. 산시 성(山西省)의 어느 마을에서는, 집집마다 문에 붉은색 종이가닥을 붙였다. 한 사람도 빠짐없이 모두 그렇게 한 것은, 만일 한 집이라도 빠뜨리면 마을 사람들이 모두 그 집안 사람들을 따돌리기 때문이었다. 사스가 누그러진 후 사람들은 자신들의 행동이 얼마나 우스꽝스러웠는지 반성했을테지만, 당시에는 다들 대세에 따르는 것이 현명한 선택이라고 믿었다. 물론 당시 전문가들은 함부로 약을 복용하지 말라고 경고했었다. 그러나 사람들은 냉철한 판단력을 따르기보다 세상 풍조에 더 무게를 두었다.

대부분의 사람은 맹목적으로 유행을 따르는 것이 비경제적이라는 사실을 알고 있다. 그래서 앞다투어 권위 있는 이를 찾아가 정확한 의견을 들으려고 한다. 그런데 권위 있는 전문가가 답변하면 그 답변 내용이 유행하기 시작한다. 신문, 잡지, 인터넷이 그 답변으로 도배되고 해당 전문가는 여기저기에 초빙되어 열심히 설명하는 모습이 눈에 띈다. 그런데 이런 전문가들이 정말 상황 파악 능력이 뛰어난지, 종합적 판단 능력을 지니고 있는지 자문해봐야 한다. 서양에서는 양심적 지식인을 존중하는 분위기가 정착되어 있지만, 한 분야를 책임질 만한 양심적 지식인은 손에 꼽을 정도다. 그런데 자칭 전문가라고 하는 우리의

'전문가'들은 어떻게 인정을 받았는지 알 수가 없다.

공자 시대에는 이 소수의 뛰어난 전문가(엘리트)를 판별하기가 지금보다는 쉬웠다. 우선 공자의 시대에는 인구가 적었다.(또 앞의 자공과 공자간에 이루어진 대화에서 자공은 구체적으로 어느 한 마을과 관련해서 공자에게 물었다는 점을 고려해야 한다.) 한 마을에 사는 주민들은 수시로 마주쳤다. 누구는 어떤 사람이고 누구에게는 어떤 문제가 있는지 서로 속속들이 알고 있었다. 마을 사람들의 여론이란 것도 뻔히 짐작할 수 있었다. 이 시절에는 문제가 발생하면, 대중의 의견을 따르는 것보다 마을의 덕망 높고 지혜로운 이의 판단에 맡기는 편이 좋은 결과가 나올 가능성이 컸다.

가끔은 소수 집단이 진리를 장악한다. 예로부터 지금까지 수많은 대중이 있었지만 문명의 진보를 이뤄낸 것은 항상 소수의 걸출한 인물이었다. 우리는 식견이 날카롭고 능력이 뛰어난 소수 엘리트들의 진가를 인정해야 한다. 또한 진짜 엘리트와 가짜 엘리트를 구별할 줄도 알아야 한다. 공자는 《논어》「학이편」에서 가짜 엘리트를 구별하는 간단한 방법을 제안한다. "아첨하는 교묘한 말을 잘하고 표정을 잘 꾸미면서(巧言令色) 어진 이는 드물다."

하늘은 떡을 그냥 주지 않거늘

"팔아야지, 팔아야 하고말고. 나는 값어치를 알아주는 상인이 나타날 때까지 기다리겠다."

沽之哉 沽之哉 我待賈者也
고지재 고지재 아대가자야

—《논어》「자한편」

자기 힘으로 쟁취하라. 무엇이든 자신이 쟁취하는 것만이 의미가 있다. 우리는 보통 막연히 꿈꾸다가 갈망하고, 갈망하던 것을 쟁취의 목표로 삼고, 쟁취 목표에 기대를 품으며, 기대한 것을 결국 손에 넣는 과정을 거친다. 만일 이 전체 과정에서 결과만 쏙 빼내 당신에게 보내준다면, 아무 소중함도 느끼지 못할 것이다. 실제로 가장 기억에 남는 것은 손에 들어오기 전의 다양한 감정, 애태우던 감정이다.

운명을 바꾸려면 부모나 친구, 형제자매, 운명에 의지하지 않고 오직 자기의 힘으로만 쟁취해야 한다. 하늘은 떡을 그냥 주지 않는다. 만일 하늘에서 공짜로 떡이 떨어진다면 오히려 함정인지 아닌지 의심해봐야 한다. 모든 일은 자신에게 달려 있다. 그런 마음가짐으로 세상을 볼 때 인생은 비로소 찬란해진다. 만일 자신이 숨은 인재라고 생각한다면, 능력 계발에 힘쓰고 합당한 대우를 받을 만한 조건이 갖춰졌을 때 사회에 진출하라. 이와 관련해 《논어》「자한편」에 공자와 자공이 나눈 대화가 있다.

언젠가 자공이 공자에게 물었다. "여기 좋은 옥 한 덩어리가 있습니다. 보관함 속에 잘 갈무리해두는 게 좋을까요? 아니면 값어치를 아는 상인을 찾아 팔아넘기는 게 좋을까요?"

유가 지식인들은 항상 덕을 물과 옥에 비유해왔다. 공자 역시 자공이 옥 이야기를 꺼냈을 때 그것이 비유임을 알고 있었다. 그래서 공자는 이렇게 대답했다. "팔아야지, 팔아야 하고말고. 나는 값어치를 알아주는 상인이 나타날 때까지 기다리겠다."

자공이 던진 질문은 지식인들이 세상에 나가고 싶어도 관직을 얻지 못하고 있는 정치적 입장을 비유한 것이다. 이에 관해 자공은 두 가지 해결책을 내놓았다. '온독이장(韞匵而藏)' 즉 수납함에 고이 간직해두는 방법과 '선고이고(善賈而沽)' 즉 값어치를 알아주는 상인을 찾아 파는 것이었다. 이 두 가지 선택은 사실 공자가 《논어》「술이편」에서 말했던 "쓰이면 행하고, 버리면 간직한다"의 '행함'과 '간직함'의 문제였다. 위에서 공자가 대답한 것은 '행함' 쪽에 기울어 있는데, 이는 "팔아야지, 팔아야 하고말고"에 잘 나타나 있다.

그러나 위의 대화를 잘 보면 특이한 점이 있다. 자공은 "값어치를 아는 상인을 찾아 팔까요?"라고 물었는데, 공자는 "값어치를 알아주는 상인이 나타날 때까지 기다리겠다"라고 대답했다. 자공은 '찾는다'이고 공자는 '기다린다'이다. 상반되는 태도다. 이렇게 말 속에 숨은 미묘한 구별은 주희(朱熹)의 《논어집주(論語集注)》에 수록된 범중엄(范仲淹)*의 견해에 잘 나타나 있다.

"지식인이라고 해서 관리가 될 생각을 안 하는 것은 아니다. 단지 부당한 수단을 써서 관직에 오르는 것이 싫은 것뿐이다. 지식인은 관리로 임용되기를 기다려야 한다. 좋은 옥은 값을 알아주는 상인이 와서 사갈 때까지 기다려야 하는 것과 마찬가지다. 이윤(伊尹), 백이(伯夷), 강태공(姜太公) 등이 그 예다. 만일 성군 탕왕(湯王)과 문왕(文王)이 기용해주지 않았다면, 평생 소문이 나지 않은 채 조용히 묻혔을 것이다. 이들은 자신이 벼슬을 구한다고 나서는 것을 절대 용납할 수 없었다."

쉽게 말하면, 지식인은 관리가 될 수 있지만 나서서 벼슬을 구하지는 않는다는 의미다. 반면 후세의 왕조 교체기의 많은 지식인은 이와 다른 태도를 보였다. 모든 관계와 연줄을 동원하려고 동분서주하며 뇌물을 쓰는 등 온갖 술수를 부려 한자리 얻거나 승진하려고 했다. 만일 위로 올라가는 것이 불가능하다면 최소한 현재 보전하고 있는 자리만이라도 유지하려 했다. 그러나 공자는 이런 방식으로 관직을 얻는 것을 거부했다.

그러나 현대사회에서 공자처럼 "상인을 기다려 판다"는 입장을 고수하고 "좋은 상인을 찾아가 파는" 적극성이 없다면, 아무리 대단한 인재라도 빛도 못 보고 사라지지 않겠는가? 하물며 모든 사람이 상인을 기다려 거래를 하고자 한다면, 오늘날 인재 모집 광고는 모두 헛수

---

* 989~1052. 북송 때의 정치가이자 학자. (편집자주)

고가 되는 셈 아니겠는가?

진리를 찾는 과정이나 성공으로 가는 길에 지름길이란 없다. 지름길을 바랄수록 하늘은 더욱 떡을 던져주지 않을 것이다. 공자가 말한 대로, 만일 정말 좋은 옥이라면, 어서 "팔아라!"

《알라딘의 램프》에 나오는 아프리카 마법사는 알라딘에게 여러 가지 처세의 도리를 가르쳐주었다. 알라딘이 길에서 피로에 지쳐 위축되었을 때, 그는 이렇게 말한다. "그러지 마라, 애야. 이젠 돌아갈 수가 없어. 우린 결코 잘못된 길을 오지 않았어. 절반까지 와서 그만두면 얼마나 아까우냐. 우리가 해야 할 일은 꽃밭을 거니는 게 아니라 세상을 뒤흔들 만한 큰 사업이라고. 어떤 제왕의 업적도 여기에 비할 바가 못 되지. 네가 보고들은 것들은 그야말로 발바닥에도 미치지 못해."

"이젠 돌아갈 수 없다"는 말이야말로 확실히 이치에 맞는 명언이다. 왜냐하면 성공이란 흔히 당신이 실망하고 상처받았지만 다시 앞으로 한 걸음 내딛는 순간 결정되기 때문이다. 물론 "값을 기다려 팔겠다"는 전략을 취해도 마찬가지다.

능력 있다는 거 알지만 드러내지 말게

"능력이 있으면서도 무능한 사람에게 묻고, 아는 것이 많으면서도 지식이 얕은 이에게 물으며, 있으면서도 없는 듯 처신하고, 갖출 것은 다 갖췄으나 모자란 듯 행동하고, 무례를 범하여도 훈계하지 않는다."

以能問於不能 以多問於寡 有若無 實若虛 犯而不校
이 능 문 어 불 능 이 다 문 어 과 유 약 무 실 약 허 범 이 불 교
-《논어》「태백편」

    🌺 증자는 이런 말을 했다. "능력이 뛰어난 이가 능력이 부족한 이에게 가르침을 청한다. 지식이 풍부한 이가 지식이 적은 이에게 가르침을 청한다. 학문을 익혔지만 마치 전혀 배우지 않은 듯이, 뛰어난 경륜을 지니고 있으면서도 마치 아무런 재능이 없는 듯이 행동한다. 다른 이가 자신에게 무례를 범해도 개의치 않는다. 예전에 이런 품성을 지닌 친구가 한 명 있었다." 증자가 말한 사람이 바로 '크게 지혜로우면서도 어리석은 듯한' 안회였다고 한다. 안회는 '겸손한 처신'의 정수를 터득한 사람이다.

100

누구보다 지혜로우면서 겸손하게 처신하는 이는, 실력을 과시하지 않고 총명을 뽐내지 않는다. 겉으로 보기에는 멍청한 듯해도 사실은 총명한 사람이다. 《소아어(小兒語)》에는 "큰 종은 잡소리를 내지 않고, 가득 찬 병은 출렁거리지 않는다"라는 말이 있다. 속담 중에는 "물이 가득 찬 항아리는 소리를 내지 않지만, 반쯤 찬 항아리는 찰랑거린다"라는 말이 있다.

《노자》에는 이런 명언이 있다. "크게 곧은 것은 휘어져 보이고, 뛰어난 솜씨는 졸렬한 것처럼 보인다." 중국 북송 때의 시인 소동파(蘇東坡)는 이에 대해 이렇게 보충 설명했다. "아주 용감한 것은 겁쟁이처럼 보이고, 큰 지혜는 어리석은 것처럼 보인다."

어리석어 보이는 지혜로움이나 겸손한 처신, 이것들은 모두 품성이면서 삶의 자세이고 품격이면서 수양의 방편이기도 하다. 또한 감정이면서 지혜이기도 하고 모략이 되기도 한다. 처세의 가장 훌륭한 태도인 셈이다.

미국의 정치가 프랭클린은 젊은 시절 어느 손윗사람의 집에 초대를 받았다. 그가 머리를 들고 자그마한 오두막집으로 들어가려고 문을 여는데 '쿵' 소리가 났다. 이마가 문설주에 부딪힌 것이다. 부딪힌 자리에는 퍼렇게 멍이 들었다. 그를 맞으러 나온 집주인은 웃으며 이렇게 말했다.

"많이 아프겠구먼? 그런데 자네 이거 아는가? 이 일이야말로 자네가 나를 방문해서 얻은 가장 큰 교훈일세. 세상 물정을 파악하고 사람의 마음을 속속들이 알려면 고개를 숙이는 겸손함을 익혀야 하거든."

겸손한 처신은 합리적인 마음을 유지하면서 성실하게 사람을 대하고 나무랄 데 없이 일을 처리하는 것을 의미한다. 즉 신념을 굳게 지키고 대담하게 생각하며, 진실한 태도로 사람을 대하고 일을 공정하게 처리하고 열심히 공부하며, 성숙하게 사고하고 적극적으로 행동한다. 그리고 이 상태를 항상 유지하는 것이다. 이렇게 행동할 때 바라는 일이 이루어진다. 사람됨과 일처리는 밀접한 관련이 있다. 두 덕목이 서로 조화를 이룰 때 인생은 순조롭게 풀린다.

겸손한 처신은 지혜이기도 하다. "낮은 곳에 거하면 백 갈래 물줄기를 받아들인다"는 말처럼, 눈높이를 낮추고 많은 사람을 포용할수록 더욱 많은 기회가 찾아온다. 겸손함은 동서고금을 막론하고 미덕으로 추앙받아왔으며, 이는 곧 사람의 처세에서 조화의 아름다움을 모두 갖춘 경지다. 이른바 "사심 없이 왔다가 흔적 없이 간다"나 "속세를 떠나 있다는 마음가짐으로 속세의 일을 처리한다"는 말들은 모두 이런 태도를 생생하게 설명해준다. 처세의 달인들은 모두 겸손했다. 겸손하게 처신할수록 크게 되는, 어찌 보면 모순적인 인과관계를 알 수 있다. 큰일을 하고 이름을 떨친 이는 대개 겸손함의 모범이었다. "가득 차면 덜어내고, 겸손하면 더해진다"는 말 그대로다.

절대 자만하지 않는 이라 해도, 온갖 재주를 다 드러내 보이면 쉽게 다른 이의 공격을 받고 피해를 입는다. 왜냐하면 재주가 넘쳐나는 만큼 주변의 다른 이들은 부족함이 두드러지고 못나 보이기 때문이다. 그러니 뛰어날수록 일처리가 완벽할수록 점점 더 미움을 받는 것은 당연하다. 그러므로 모든 일에는 여지를 남겨두라. 실력을 너무 드러내지 말라. 다른 이를 압박하여 당신이 필요한 존재라 느낄 정도로 만든다면, 그들은 오히려 당신의 권위에 거부감을 가질 것이다. 증자의 조언대로 "능력이 있으면서도 무능한 사람에게 묻고, 아는 것이 많으면서도 지식이 얕은 이에게 물으며, 있으면서도 없는 듯 처신하고, 갖출 것은 다 갖췄으나 모자란 듯이 행동하는" 태도를 배울 필요가 있다.

잘 알면서도 일부러 물어봄으로써, 다른 사람에게 표현의 기회를 주어라. 상대가 자신보다 못하다는 것을 알지만 가르침을 청하라. 자신이 아는 것이 많음을 충분히 인지하지만 그런 생각은 마음속에 묻어 두고, 겉으로는 아무것도 모르는 듯이 행동하라. 나아가 남이 자신에게 무례하게 굴더라도 예민하게 반응하여 마음에 담아두지 말라. 또한 이에는 이 눈에는 눈으로 대응하기를 그만두라. 그러면 남들에게 위압감을 주는 존재가 되지 않는다. 바꿔 말하면 다른 사람의 공격과 모함도 줄어든다.

그러나 겸손하게 처신한다고 해서 항상 물러서 있으라는 뜻은 아니다. 타인이 자신의 이익을 빼앗고 인격을 모욕하는데도 지적하거나 항의하지 않는다면, 그것은 겸손함이 아니라 나약함이다. 겸손한 처신은 야단법석을 떨지 않고, 작은 일을 끄집어내 두드러지게 하지 않고, 매사 상사에게 달려가 일일이 상의하면서 다른 이에게 상사의 총애를 받는 모습을 연출하지 않는 것을 의미한다. 충분한 능력을 갖고 있어도 서둘러 드러내지 말라. 다른 사람이 절실하게 도움을 필요로 할 때 나서라. 그리고 다른 이에게 도움을 줄 때는 즐거운 마음으로 하라. 남을 도울 수 있으면서도 돕지 않는다면, 당신이 도움을 필요로 할 때 아무도 도와주지 않는다.

겸손한 처신을 제대로 배웠다면 다투지 말고, 교만하지 말고, 조작하지 말고, 힘든 척하지 말고, 바쁜 척하지 말고, 시비에 휘말리지 말고, 다른 사람의 혐오감을 사지 말고, 다른 사람의 질투를 사지 말아야 한다. 아무리 당신이 스스로 유능한 사람이며 다른 이보다 뛰어나다고 느껴도, 감추고 굽히는 법을 배워야 한다. 그리고 자신이 뛰어난 능력을 지녔는데도 기회가 주어지지 않는다고 원망하지 말라. 그것은 천박한 행위일 뿐이다. 겸손한 처신은 평온한 마음으로 삶의 모든 면을 바라보는 것이다. 처음부터 끝까지 일관되게 잘 해낼 수 있는 경지에 이르도록 노력하라. 그러면 다른 사람이 아무리 비천하게 여겨도 가난함을 받아들이고 삶을 즐길 수 있으며, 밝고 도량이 넓은 사람이 될 수 있다.

무언가를 이루고자 한다면 반드시 다른 이에게 너그러워야 한다. 나아가 다른 사람이 기뻐 환영하고 존경하고 감탄하는 대상이 되어야 한다. 이것이야말로 사회생활에서 성공하는 법의 근본이다. 뿌리가 깊게 내려야 비로소 가지가 무성해지고 잎이 우거지며 과실이 풍성해진다. 만일 뿌리가 얕다면 가지가 약하고 잎이 빈약하여 비바람을 견디지 못한다. 겸손한 처신은 사회생활에서 출세의 기초를 다지는 절호의 비법이다. 겸손한 처신은 자신을 보호하면서 공동체에 융합되고 사람들과 조화를 이룰 수 있게 해준다. 또한 보이지 않게 실력을 기르고 조용히 추진하여 실체를 드러내지 않으면서 일을 성사시킨다.

자기가 어떤 사람인지, 자네는 아는가

공자가 칠조개에게 관직에 나가라고 권했다. 그러자 칠조개가 이렇게 답했다. "저는 아직 관리가 될 자신이 없습니다." 공자는 그말을 듣고 매우 기뻐했다.

子使漆雕開仕 對曰 吾斯之未能信 子説
자 사 칠 조 개 사 대 왈 오 사 지 미 능 신 자 열
―《논어》「공야장편」

                  🌸 "사람이 귀한 까닭은 자신을 아는 명석함(自知之明)이 있기 때문이다." 이 말의 의미는 무엇인가? 사실 '자지지명(自知之明)'은 발견의 과정이다. 자신의 탁월한 점과 부족한 점을 발견하는 것, 자신의 장점과 단점을 인식하는 것, 자신이 처한 상황에 따라 해야 할 일과 해서는 안 될 일을 결정하는 것 등을 포함한다. 이성과 지혜에 따라 계획적으로 목적이나 이상을 선택하면 성공 가능성은 훨씬 높아진다.

    공자가 칠조개(漆雕開, 공자의 제자로 성은 漆雕, 이름은 開, 자는 子開)를 불러서 관직에 나가라고 권했다. 그러자 칠조개가 이렇게 답했다. "저

는 아직 관리가 될 자신이 없습니다." 공자는 그 말을 듣고 매우 기뻐했다. 왜 그랬을까? 공자는 칠조개가 아직 관리가 될 자신이 없다는 사실 자체를 기뻐한 것이 아니라, 제자가 그런 말을 할 정도로 분별력을 갖춘 사실을 기뻐한 것이다.

칠조개는 이른바 "사람이 귀한 까닭은 자신을 아는 명석함이 있기 때문"임을 보여주는 훌륭한 사례다. 그가 자신의 분수를 잘 헤아린 끝에 관직에 나갈 자신이 없다고 판단한 것은 냉정한 현실 인식에서 나왔다. 만약 관리가 되라는 스승의 말을 듣자마자 바로 달려가 직책을 맡았다면 일을 제대로 해내지 못했을 것이다. 이런 면에서 칠조개는 '자지지명'에 더하여 겸허하고 신중한 성격을 지녔음을 알 수 있다. 또 한편으로는 그가 관직을 맡을 만한 어느 정도의 소양이 있었음을 말해 주기도 한다. 그렇지 않다면 어떻게 어느 정도 부족한지 판단했겠는가? 칠조개는 급하게 공을 세우고 이익을 취하며 부귀공명에 혈안이 된 지식인들과 달랐다. 공자가 칠조개의 답변에 매우 만족한 것은 이런 점들을 보았기 때문이다. 물론 이 경지에 도달한 것은 그에게 '자지지명'이 있었기 때문이다.

실수의 많은 원인 중 하나는 상황과 자신을 정확히 파악하지 못했기 때문이다. 혹은 자신을 너무 높게 평가하여 자만에 빠졌기 때문이다. 그런 이들은 항상 자신이 어떻게 행동하든 모두 괜찮고 무엇이든 해낼 수 있다고 생각한다. 또한 자신의 어설픈 똑똑함을 뽐내면서 다른 사람에게 바늘 하나라도 찔러볼 틈새가 있으면, 어떻게든 그 사람을 바보로 몰며 깔보려고 한다. 반면 자신을 너무 낮게 평가하는 경우도 있다. 그런 이들은 자신이 형편없는 사람이며 아무것도 해낼 수 없다, 무엇을 해도 안 된다고 생각한다. 그 결과는 어떻겠는가? 전자는 자기의 능력을 벗어난 일, 객관적 규율을 벗어난 일, 사회에 해를 끼치는 일에 덤벼들었다가 호되게 대가를 치른다. 그리고 후자는 자신이 충분히 할 수 있는 일임에도 쓸데없이 겁을 집어먹는 바람에 일처리가 매끄럽지 못하게 된다.

주변 사람들과 좋은 관계를 유지하지 못하는 경우도 마찬가지다. 관계 악화의 주요 원인 중 하나는 지나친 오만함이다. 어떤 이는 안하무인으로 다른 사람을 거들떠보지 않아 자기는 무슨 짓을 해도 괜찮지만 다른 사람은 무엇을 해도 안 된다고 여긴다. 어떤 이는 자신의 이익만 지나치게 중요시하여 항상 타인의 이익을 침해하려 든다. 또 어떤 이는 타인과의 관계에서 관용이 부족하여 충돌이 발생했을 때 항상 책임을 타인에게 미루고, 언제나 모든 일은 타인의 잘못이라고 여긴다. 그 결과 갈등과 충돌은 점점 고조된다.

자신의 감정을 다스리지 못하는 경우는 또 어떤가. 순조롭게 풀릴 때는 머릿속이 너무 달아올라 혼미해졌다가, 잘 안 풀릴 때는 마치 얼음창고에 떨어진 것 같이 기운이 빠진다. 그러다 보니 일처리는 감정이 흘러가는 대로 들쭉날쭉이다. 무엇이든 충동에 따라 일을 처리한다. 이런 사람들은 자신감이 부족한 경우가 많다.

자기만족에 빠져서 타인이 자신을 평가하는 말을 받아들이지 않는 경우를 생각해보자. 예를 들어 어떤 지도자는 물러날 때가 됐는데도 여전히 자신의 위치가 매우 굳건하다고 느낀다. 또 어떤 부패 관리는 명백히 사면초가에 빠져 있지만 여전히 기세등등하다. 핵심은 '자지지명'이 없다는 데 있다.

자신의 인격적 부족함을 고치려 하지 않는 사람도 있다. 어떤 이는 수양이 부족하여 행동거지가 교양이 없고 걸핏하면 짜증을 내며 항상 버릇없는 말을 내뱉는다. 때로는 그들도 자신의 행동을 후회하지만 습성은 바뀌지 않는다. 원인은 무엇인가? 바로 자기 자신의 인격적 결함을 정확하게 짚어내지 못하는데다 자신에게 그런 말을 한 타인을 용서할 줄 모르기 때문이다.

사람은 누구나 자기 자신을 정확하게 이해하지 못한다. 그래서 《진확집(陳確集)》 「고언(瞽言)편」에 "군자는 다른 이가 자신을 알아주지 못하는 것을 근심하지 아니하고, 스스로 자신을 알지 못함을 근심한다"라는 경계의 말이 나오게 되었다.

살면서 실패를 경험하는 이유는 '자지지명'이 없기 때문이다. 그렇다 보니 객관적 세계의 신비를 발견하지 못할뿐더러 주관적 세계의 장단점도 파악하지 못한다. 결론적으로 그들은 결코 자신을 이해하지 못할 뿐만 아니라 자신이 자신을 이해하지 못한다는 사실조차도 모른다. 그 결과 참혹한 비극을 맞이하고 무거운 대가를 치른다.

'자기파악(自知)'은 예술인 동시에 학문이다. 사실 '자지지명'을 갖춘 지자는 꽤 있었다.

위문왕(魏文王)이 이름난 의사였던 편작(扁鵲)에게 물었다. "선생 댁에는 형제가 셋이라고 들었습니다. 모두 의술을 익혔는데, 대체 누가 가장 뛰어납니까?" 편작이 대답했다. "큰형이 가장 뛰어나고, 둘째형이 그다음이며, 저는 가장 떨어집니다." 문왕이 다시 물었다. "그런데 왜 선생이 가장 유명하지요?" 편작이 대답했다. "큰형은 병을 치료할 때 증세가 나타나기 전에 치료합니다. 일반인들은 그가 사전에 병의 뿌리를 제거하는 것을 알지 못하므로 이름이 나지 않습니다. 가족끼리만 알아봐주지요. 둘째형이 병을 치료할 때는 증세가 나타나는 초기에 치료합니다. 일반인은 그가 가벼운 질환을 치료했다고 여기기 때문에 이름은 동네 바깥으로 전해지지 않습니다. 그러나 제가 병을 치료할 때는 증세가 이미 심각해졌을 때입니다. 일반인들도 모두 제가 경맥에 침을 놓고 피를 빼거나 피부에 약을 붙이는 대수술 과정을 보기 때문에 제 의술이 뛰어나다고 여기는 것이지요. 명성이 이렇게 해서 전국에 퍼져나가게 되었습니다." 문왕이 말했다. "선생 말씀이 지극히 훌륭합니다."

편작은 껍데기를 던져버리고 본질을 보았다. 그래서 자신과 형들에 관해 정확한 판단을 내렸다. '자지지명'을 갖춘 사례다.

한고조(漢高祖) 유방(劉邦)은 황제가 된 후 신하들과 함께 한나라와 초나라의 승패가 갈린 원인을 논하던 도중 자신이 항우에게 못 미친 점 세 가지를 꼽았다. "짐은 대저 장막 안에서 작전계획을 짤 때 천 리 밖의 승부를 결정짓는 것은 자방(子房, 장량)만 못하고, 나라를 안정시키고 백성을 달래며 양식이 끊기지 않게 공급하는 것은 소하(蕭何)만 못하며, 백만대군을 이끌고 싸워 반드시 이기고 공격하면 반드시 점령하는 것은 한신(韓信)만 못하오. 이 세 사람이 모두 호걸인데, 짐이 그들을 잘 등용한 것이야말로 짐이 천하를 취하게 된 까닭이오."

최고의 권력을 장악하고, 자신의 말이 모두 고귀하게 떠받들어지는 황제가 되어서도 유방은 신하들 앞에서 자신이 미치지 못한 세 가지를 말할 수 있었다. 물론 조금 비틀어서 보면 유방이 무의식적으로 다른 이의 재능과 공적을 깎아내린 발언이기도 하지만, 다른 한편으로 유방에게 자신이 다른 이보다 못한 점을 깊이 인식하는 '자지지명'이 있었음을 보여준다. 바로 이 때문에 그는 초나라와 한나라의 쟁패 과정에서, 특히 위급한 순간마다 여러 사람의 의견을 받아들여 위기를 수습하고 패배할 뻔한 상황에서 승리했다. 이것이 말하는 바는 명백하다. 바로 '자지지명'이 있어야 비로소 다른 사람을 아는 명석함도 생긴다는 것이다.

총명한 사람은 자신에게 어떤 문제점이 있는지를 정확히 파악한다. 어리석은 사람은 오히려 '자지지명'이 없다. 그렇다면 어리석어서 '자지지명'이 없는 것일까, '자지지명'이 없어서 점점 더 어리석어지는 걸까? 어쨌든 한 가지는 확실하다. 바로 '자지지명'이 없으면 결국 자신을 망친다는 사실이다.

"사람이 귀한 까닭은 자기 자신을 아는 데 있다(人貴自知)." 자신을 비하하지 말고 맑게 깨어 있으라. 다른 이의 웃음거리가 되는 것은 작은 일이고 자신을 망치는 것은 큰 일이다.

안타깝지만, 말솜씨가 좋으면 유리하긴 하지

"송조와 같은 미모를 지녔어도 축타와 같은 뛰어난 말솜씨가 없다면 오늘날의 세상에서 출세할 방법이 없구나!"

不有祝鮀之佞 而有宋朝之美 難乎免於今之世矣
불 유 축 타 지 녕   이 유 송 조 지 미   난 호 면 어 금 지 세 의

—《논어》 「옹야편」

❀ "한 사람의 언변이 구정(九鼎)보다 무겁고 세 치의 혀가 백만 명의 군대를 이긴다"*는 말이 있듯이, 말솜씨는 성공을 추구하는 데 이로운 수단이 된다. 언어구사 능력이 뛰어나면 사회적으로 인정받는 데 여러모로 유리하다. 상사에게는 칭찬을 받고 부하 직원들은 우러러보며 동료들도 환영한다. 친구에게서 도움을 받기도 쉽고 연인과도 가까워진다. 그래서 공자는 씁쓸해하며 이렇게 한탄했다. "아, 송조(宋朝)와 같은 미모를 지녔어도 축타(祝鮀)와 같은 뛰어난 말솜씨가 없다면 오늘날의 세상에서 출세할 방법이 없구나!"

그러면 공자가 말한 송조와 축타는 어떤 인물들인가?

《좌전(左傳)》의 기록에 따르면 송조는 송나라의 공자로 용모가 준수

했다. 그래서 위나라 영공의 부인 남자(南子)가 한 번 보고는 홀딱 반하여 시집온 뒤에도 남편에게 만날 기회를 마련해달라고 졸랐다. 영공은 도량이 넓은 인물이라 아내를 기쁘게해주고 싶어서 조(洮)라는 곳에서 회견할 때 송조와 만나는 것을 허락했다. 나중에 위나라 태자 괴외(蒯聵)가 일이 있어 송나라 경내를 통과하는데, 현지 사람들이 짓궂게도 "너희 암퇘지는 이제 됐는데, 어찌 우리 예쁜 수퇘지를 보내지 않느뇨?"라고 노래를 부르며 조소했다. 현대어로 옮겨보면 이런 뜻이다. '너희 암퇘지는 이제 그만하면 충분히 만족했을 텐데 어째서 우리 잘생긴 수퇘지를 돌려보내지 않느냐?' 이 노래를 듣고 태자는 창피하여 어쩔 줄을 몰랐다. 태자는 위나라로 돌아와 남자를 만난 자리에서 검을 뽑아 그녀를 죽이려 했다. 남자는 큰 소리로 울며 남편 영공이 있는 곳으로 도망쳤다. 영공은 남자의 손을 잡고 돈대로 올라가 그녀의 목숨을 구했다. 그러자 태자는 어쩔 수 없이 송나라로 도망쳤다.

축타는 위나라 대부(大夫)로, 번듯한 외모만 가지고 있던 송조와 달리 아주 뛰어난 말솜씨를 자랑했다. 《좌전》의 기록에 따르면 그는 현란한 변설로 강숙(康叔)이 위나라에 봉해진 배경을 논했고,** 위나라가

---

* 전국시대 조나라 세객 모수(毛遂)의 고사와 관련된 말. 조나라가 진나라의 공격을 받아 사직이 위태로울 때 초나라에 구원병을 청하러 가는 평원군(平原君)을 수행했다. 협상은 지지부진하여 결렬될 상황이었는데, 모수가 단상 위로 뛰어올라가 인상적인 웅변으로 초나라 왕을 설득해 출병을 성사시켰다. 평원군은 이 일로 그를 높이 평가하여 "모 선생이 한 번 초나라에 이르러 조나라의 위신을 구정(九鼎)과 대려(大呂)보다 무겁게 만들었다. 모 선생이 한 번 놀린 혀는 군사 백만 명보다 강했다"라고 감탄했다. 구정은 하우씨(夏禹氏)가 구주(九州)의 쇠를 모아 만든 큰 솥이고, 대려는 주나라 때 주조한 큰 종이다. 모두 천자의 권위를 상징하는 물건이다.
** 기원전 506년 초나라에 대항하는 열국 회맹에서 의식을 거행할 때, 본래 채(蔡)나라 군주가 위나라 군주 영공보다 먼저 희생물의 피를 마시게 되어 있었다. 채나라 시조인 채숙(蔡叔)이 위나라 시조인 강숙(康叔)보다 연장자라는 이유에서였다. 그러자 축타는 연령이 아니라 '덕(德)'을 기준으로 삼았던 선왕의 예를 조목조목 들어가며 반박했고, 결국 영공이 채나라 군주보다 먼저 피를 마시도록 순서가 변경되었다.

오래 번영을 누리게 만들었다.

얼굴이 못생겼다고 하더라도 말을 잘해야 비로소 환영을 받는다. 학식이 풍부하다거나 행동거지가 예의바르다거나 하는 것은 부차적인 판단 기준일 뿐이다. 말솜씨로 화를 면하고 목숨을 부지한 사례는 도처에서 찾아볼 수 있다.

《전국책(戰國策)》「진책(秦策)편」에는 진나라 혜왕(惠王) 밑에서 일한 진진(陳軫)과 장의(張儀)의 이야기가 실려 있다. 장의는 진왕에게, 진진이 초나라에 국가기밀을 누설했으며 진나라를 배신하고 초나라로 달아날 준비를 하고 있다고 헐뜯었다. 진왕은 진진을 불러들여 이실직고하라고 명령했다. 깔끔하게 해명하면 아무 일 없겠지만, 의혹이 풀리지 않는다면 목이 날아갈 거라고 경고했다. 진진은 침착한 태도로 대답했다. "만일 정말로 초나라에 기밀을 팔아넘겼다면, 초나라 왕이 소신을 기용할 리가 있겠습니까?" 그는 이어서 진왕에게 다음과 같은 고사를 이야기해주었다.

어느 초나라 사람이 아내 두 명을 거느리고 살고 있었는데, 다른 남자가 그의 아내들을 유혹하려 했다. 약간 나이가 많은 여자에게는 잔뜩 욕을 먹고 쫓겨났지만, 젊은 여자를 꾀어 통정하는 데 성공했다. 얼마 후 이 두 여자의 남편이 죽었을 때, 누군가 그 남자에게 어느 여자를 아내로 삼을 생각이냐고 물었다. 남자는 나이 많은 여자를 고르겠다고 말했다. 나이 많은 쪽은 아내로 삼아도 믿을 수 있지만, 젊은 쪽은 원래 남편을 배신했듯이 새 남편도 배신할지 모르기 때문이라는 이유에서였다.

이야기를 마친 진진은 진왕에게 물었다. "만일 정말로 소신이 초나라에 기밀을 팔아넘긴다면 바로 그 젊은 아내와 같은 짓을 저지르는 셈인데, 초나라 왕이 어찌 소신을 신용하겠사옵니까?" 진왕이 들어보니 이치에 맞는 말이라 이후 더욱 진진을 신임하고 장의의 중상에는 귀를 기울이지 않았다.

공자는 말재주가 뛰어난 이를 별로 좋게 보지 않았다. 이는 어쩌면 공자 스스로 언변이 뛰어나지 않은 데 대한 자격지심의 발로일 수 있다. 어찌됐건 그는 제자들에게 "일에는 민첩하되 말은 신중하게" 하라고 가르쳤으며 "말이 교묘하고 표정을 잘 꾸미는" 사람을 경계하라고 했다. 그리고 누군가가 염옹(冉雍)이 인덕은 있지만 말주변이 없다고 지적했을 때, 공자는 명확한 태도로 반박했다. "꼭 말솜씨가 뛰어나야만 하는가? 말솜씨에 의지하여 사람을 대하면 흔히 상대방의 미움을 사는 법이다."

좋은 말로 적당히 넘어가기도 해야지

"좋습니다. 관직을 맡겠습니다."

諾吾將仕矣
낙 오 장 사 의

—《논어》「양화편」

     🌿 살다 보면 막무가내로 귀찮게 구는 사람들을 만나기 마련이다. 그런 사람에게는 사리에 맞게 말해도 통하지 않지만, 그렇다고 날카롭게 각을 세워 마냥 다툴 수도 없다. 이런 경우는 대충 좋은 말로 달래고 넘어가는 수밖에 없다. 춘추전국시기 안영(晏嬰)과 제나라 경공(景公)의 멋진 대화는 이렇게 좋은 말로 대충 넘어가는 현명한 대응의 중요성을 보여준다.

    경공이 안자에게 물었다. "청렴하고 정직하면서 오랫동안 화를 당하지 않고 지내는 이들은 품행이 어떻소?"

    안자가 대답했다. "그들의 품행은 마치 물과 같습니다. 흐르는 물이 탁해졌을 때는 진흙에 개어 벽을 바르는 데 쓰고, 맑아졌을 때는 더러워진 것을 씻어내는 데 쓸 수 있는 것과 마찬가지입니다."

경공이 다시 물었다. "청렴하고 정직하지만 곧 해를 당하는 이들은 품행이 어떻소?"

안자가 대답했다. "그들의 품행은 마치 돌과 같습니다. 돌이란 눈으로 살펴보든 손으로 만져보든 굳고 단단한 것 같아도 쉽게 부서져 오래 보존하기 어렵습니다. 그래서 곧 망하는 것입니다."

낡은 틀에 얽매이는 것은 성인(聖人)의 가르침이 아니다. 무엇이든 때에 따라 바꾸고 일에 따라 달리 적용하는 융통성을 발휘하여 변화 속에서 생존과 진보를 도모하는 태도야말로 성인의 처세법의 기본이다.

노나라 권력자의 가신인 양화(陽貨)는 공자를 만나고 싶어했지만, 공자는 그를 만나려 하지 않았다. 어느 날 양화는 공자가 집에 없는 틈을 타 삶은 돼지 한 마리를 선물로 보냈다. 당시는 대부가 사(士)에게 선물을 보내면 사는 대부의 집에 찾아가 사례를 하는 것이 예의였다. 즉 양화의 행동은 공자가 자신의 집으로 찾아오게끔 하려는 묘책이었다. 공자가 중시하는 예법을 이용한 것이다.

공자는 양화를 만나고 싶지 않았기에, 양화가 집에 없는 때를 노려 답례를 하러 찾아갔다. 그러나 운명의 장난인지, 공교롭게도 두 사람은 길에서 딱 마주쳤다. 이렇게 되자 공자는 피할 방법이 없었다.

양화가 공자에게 말했다. "들어가서 내 말을 좀 들어보시오." 공자는 어쩔 수 없이 그를 따라갔다.

양화가 말했다. "사람은 누구나 마땅히 해야 할 일이 있는 법이오. 그런데 나라의 사정이 어떻게 돌아가든 나 몰라라 하고 방관하는 사람을 어떻게 인애를 실천한다고 할 수 있겠소?" 공자가 대답했다. "실천한다고 말할 수 없지요." 양화가 다시 물었다. "벼슬을 하고자 하면서 거듭 기회를 놓친다면 총명하다고 할 수 있겠소?" 공자가 대답했다. "그렇다 말할 수 없습니다." 양화가 말했다. "시간은 화살처럼 지나가고 세월은 덧없이 흘러가고 있지 않소!"

양화는 제법 날카롭게 공자를 몰아갔다. 공자가 항상 이야기하는 인(仁)과 지(智)의 문제로 압박하면서 구구절절 핵심을 찌르니, 공자 역시 그의 말이 이치에 맞는다는 것을 인정하지 않을 수가 없었다. 그렇다 보니 공자도 대놓고 양화의 말을 정면으로 받아칠 수가 없었다. 그래서 그는 좋은 말로 적당히 넘어가는 방편을 쓰기로 하고 양화에게 이렇게 말했다. "좋습니다. 관직을 맡겠습니다."

그러나 역사적 사실에 의하면 공자는 결코 양화가 권력을 잡았던 시기에 관직에 나아가지 않았다. 이는 당시 공자의 답변이 임시변통의 계책에 불과했고, 마음에서 우러나온 진짜 생각이 아니었음을 말해준다.

순임금도 아버지가 벌을 줄 때 이런 임기응변의 지혜를 활용했다. 예컨대 "작은 지팡이는 받아들이고 큰 지팡이는 달아났다"라고 전해지는데, 회초리로 가볍게 두어 대 때리는 것은 순순히 맞았지만, 맞아서 팔이나 다리를 다칠 만큼 큰 몽둥이를 들었을 때는 황급히 달아났다. 성인은 결코 "아버지께서 그렇게 바라신다면 자식은 죽어야 한다"라고 말하지 않았다. 그것은 후대의 타락한 유학자들이 이론에 맞춰 지어낸 말이다.

비록 새벽 문지기는 공자를 "불가함을 알면서 시도하는 자가 아닌가"라며 비웃었지만,* 사실 공자는 처세의 지혜로 가득한 현인이었다. 그의 마음속에는 융통성을 발휘해야 하는 상황과 원칙을 지켜야 하는 상황, 일의 정도와 범위를 한눈에 알아볼 수 있는 뚜렷한 기준이 있었다. 즉 공자는 특수한 상황들을 원만하고 융통성 있게 처리할 줄 알았다.

---

* 《논어》 「헌문편」에 나오는 고사. 자로가 석문(石門)이라는 곳에 이르러 유숙하려는데 새벽에 성문을 여는 일을 하는 이가 어디에서 온 사람인지 물었다. 자로가 공자의 제자라고 대답하자 문지기는 "안 될 줄 알면서도 해보려는 작자 아닌가"라며 공자의 이상주의를 비판했다.

문제는, 거리를 얼마만큼 두느냐지

"군주를 섬기면서 너무 잦으면 욕된 일을 당하고, 벗을 사귀면서 너무 잦으면 멀어진다."

事君數 斯辱矣 朋友數 斯疎矣
사 군 삭 사 욕 의 붕 우 삭 사 소 의

-《논어》「이인편」

어느 추운 겨울날, 호저(고슴도치와 비슷하게 생긴 산미치광이과 동물) 한 무리가 온기를 얻고자 서로 몸을 맞대려고 했다. 그러나 서로의 몸에 난 가시에 찔려 고통스러워지자 금세 떨어져 흩어졌다. 하지만 날씨가 너무 추워서 어떻게든 몸을 맞대보려고 하다가 다시 떨어져나오고 말았다. 이렇게 붙었다 떨어졌다 반복한 끝에 호저들은 상대방을 찌르지 않으면서도 추위를 막기에 딱 알맞은 거리를 찾아냈다. 이것이 유명한 철학적 우화인 '호저 딜레마'다.

이 우화는 사람에게도 똑같이 적용된다. 친구를 사귀는 것은 따스한 우정을 나누고 싶기 때문이다. 친구와 마음이 가까워지면 가까워질수록 그 따스한 감정은 점점 진해진다. 그런데 이때 다른 문제가 생겨난다. 자기 딴에는 그 친구와 꽤 친해져서 바른말을 해도 거슬리지 않고 아무런 거리낌이 없다고 생각하는 바로 그때, 상대방에게 가장 쉽게 상처를 준다. 친한 사이일수록 더욱더 승강이를 벌이기 십상이다.

공자가 자랑스러워한 제자 중에 자유란 사람이 있었다. 공자보다 마흔다섯 살 연하였으며 공자가 여러 나라를 돌아다니던 후기에 받아들인 제자였다. 자신보다 훨씬 나이가 어렸지만 공자는 자유를 문학(文學)* 방면의 가장 뛰어난 사람으로 인정했다. 자유는 위에서 말한 호저의 철학과 비슷한 관점을 가지고 있었다. 그는 《논어》「이인편」에서 다음과 같이 말했다. "군주를 섬기면서 너무 잦으면 욕된 일을 당하고, 벗을 사귀면서 너무 잦으면 멀어진다." 오늘날의 표현으로 풀어 말하면, 윗사람을 대할 때 귀찮을 정도로 지나치게 떠받들면 모욕을 당하는 일이 생길 수 있고, 친구를 사귈 때 귀찮을 정도로 지나치게 참견하면 사이가 멀어질 수 있다는 뜻이다.

적당한 거리는 친밀한 관계를 유지하는 데도 유익하다. "서로 사랑하는 것은 쉽지만 함께 있는 것은 어렵다"는 말처럼 두 사람이 거리를 두지 않고 매일매일 함께하면 모든 것이 식상해지기 시작한다. 짙은 안개가 끼었을 때, 배에 탄 승객들은 혹시 여정이 늦춰지지 않을까 배가 전복되거나 암초에 부딪히지 않을까 걱정하지만, 해변의 관광객은 안개가 흩어지면서 바다와 하늘이 하나로 뒤섞이는 신비로운 경치에 흠뻑 빠져 즐길 수 있는 것과 마찬가지다.

---

* 당시 '문학'은 글재주만이 아니라 육경을 비롯한 넓은 의미의 학문과 예법에 관한 지식까지 포함한다.

공자는 친구를 사귀는 방법에 대해 이렇게 말했다. "친구가 내 인덕을 기르는 데 도움을 주는 것과 마찬가지로, 나도 친구를 위해 결점을 지적하고 충심으로 권고할 의무가 있다. 그러나 잘 인도하려고 충분히 노력했는데도 친구가 듣지 않으면 그만두라. 너무 간섭하면 오히려 자신이 모욕당하는 수가 있다."

아랫사람을 대할 때도 마찬가지다. 부하와 친밀한 관계라고 해서 꼭 좋은 리더이고 인기를 얻는 것은 아니다. 노나라의 권력자 계손씨(季孫氏)가 공자에게 어떻게 해야 백성이 자신을 존경하고 충성을 바치며 자발적으로 일하게 할 수 있는지 물었다. 공자는 이렇게 대답했다. "엄숙하게 대하면 존경하고 효도하며, 자애로우면 충성합니다. 착한 사람을 뽑고 무능한 사람을 교화하면 격려할 수 있습니다." 풀어 말하면 이런 의미다. '백성을 대할 때 엄숙하고 장중한 태도로 대해야 백성도 당신을 존경합니다. 당신의 부모에게 효도하면서 백성에게 자애로워야 백성도 당신에게 충성을 바칩니다. 마음이 선량하고 품행이 방정한 이를 선발하여 관리로 채용하는 한편, 능력이 떨어지는 이들에게 교육을 베풀 때 백성도 부지런히 일하게 됩니다.'

그러나 공경하지만 멀리 있고 바라보지만 두렵거나 접근할 수 없을 정도로 신성하게 보이는 경우라면 아무도 따르지 않는다.

말이란 건 때와 장소가 핵심일세

"더불어 말할 수 있는 것을 말하지 아니하면 사람을 잃는다. 더불어 말할 수 없는 것을 말하면 말을 잃는다. 지혜로운 이는 사람을 잃지도 아니하고 말을 잃지도 아니한다."

可與言而不與之言 失人　不可與言而與之言 失言 知者不失人
가 여 언 이 불 여 지 언　실 인　불 가 여 언 이 여 지 언　실 언　지 자 부 실 인
亦不失言
역 부 실 언
—《논어》「위령공편」

🌿 무협소설의 세계에서는 칼과 창을 쥐고 주먹이 센 협객이 천하를 지배하지만 현실 세계에서는 언변이 뛰어난 위인들이 주름잡는다. 그들은 기백이 넘치는 한 마디 말로 수많은 병력을 대적하고 상황을 뒤집어놓으며 불가능해 보이는 일도 해낸다. 공자가 보기에 군자란 말하는 타이밍을 잘 조절할 수 있는 사람, 즉 딱 맞는 시기에 딱 맞는 말을 하는 사람이었다.

공자가 공숙문자(公叔文子)라는 인물을 평가한 이야기는 음미해볼 만하다.

공숙문자는 춘추시대 위나라의 대부다. 공자는 공숙문자의 사신으로 온 공명가(公明賈)에게 주인의 사람됨을 물었다. "듣자하니 공숙문자 어르신은 말도 안 하고 웃지도 않고 재물을 취하지도 않으신다 하던데, 사실이오?"

공명가가 대답했다. "말이 잘못 전해진 것 같습니다. 어르신께서는 마땅히 말을 해야 할 때에만 말씀하시니 사람들이 그 말씀을 싫어하지 않습니다. 즐거워할 상황에서만 웃으시니 사람들이 그 웃음을 싫어하지 않습니다. 법도에 맞는 경우에만 재물을 취하시니 사람들이 그 취함을 싫어하지 않습니다."

공숙문자는 다른 사람들에게 말을 하지 않는다는 인상을 심어주었다. 그러나 그의 사신인 공명가는 뛰어난 언변으로 공숙문자에 관한 오해를 풀었다. 말을 하지 않는 것이 아니라 때를 가려서 말을 하는 것이라는 설명이었다. 공자는 공숙문자가 과연 그럴 만한 위인인지 여전히 미심쩍어했다. 그래서 다시 반문했다. "그러하오? 어찌 그러하단 말이오?" 사실인지 거듭 재우쳐 물은 것이다. 이는 공자가 마음속으로 여전히 공숙문자를 의심했다는 것을 보여준다. 즉 공자는 공숙문자가 말을 아끼는 처신에 집착하는 인물이라 보았고, 공문숙자가 그렇게 행동하는 이유는 '삼가고 조심하려는' 인생태도 때문이라 판단했다.

때와 장소에 맞는 말을 할 수 없다면 기대한 효과를 거둘 수 없고, 이는 사회생활에 큰 영향을 미친다. 그래서 공자는 또 이런 말을 했다. "더불어 말할 수 있는 것을 말하지 아니하면 사람을 잃는다. 더불어 말할 수 없는 것을 말하면 말을 잃는다. 지혜로운 이는 사람을 잃지도 아니하고 말을 잃지도 아니한다." 풀어 말하면 이런 의미다. '말할 수 있는 상황인데도 말을 꺼내지 않으면 다른 사람과 교제할 기회를 잃게 된다. 또 하지 않아도 될 말을 굳이 늘어놓다 보면 말실수를 하기 마련 이다. 그러므로 총명한 사람은 사람을 사귈 기회를 놓치지 않으면서, 실언도 하지 않는다.' 영국 수상 처칠에 관한 이야기는 이 이치를 잘 설명한다.

언젠가 처칠과 그의 부인 클레멘타인은 어느 정부 고위관료의 집에 서 열린 만찬 연회에 함께 참석했다. 연회 중에 어느 프랑스 외교관이, 은접시가 마음에 들었는지 한 장을 슬쩍 품에 집어넣었다. 그런데 하 필이면 세심한 여주인이 그 행동을 목격하고 말았다. 그녀는 애가 타 서 어쩔 줄 몰랐다. 그 은접시는 가장 아끼는 골동품 식기 세트의 일부 라 그녀에게는 대단히 중요한 물건이기 때문이었다.

여주인은 처칠 부인에게 도움을 청하기로 마음먹었다. 그녀는 클 레멘타인에게 살그머니 다가가 일의 전말을 알렸다. 처칠 부인은 잠 시 생각하더니 남편에게 귓속말로 뭔가를 속삭였다. 처칠은 미소를 지 으며 고개를 끄덕이기만 했다. 그러고는 냅킨으로 가려 은접시 한 장 을 '훔친' 뒤 프랑스 외교관에게 다가갔다. 처칠은 호주머니에서 비밀 스럽게 은접시를 꺼내 보여주며 낮은 목소리로 말했다. "이보시오, 나 도 한 장 슬쩍했다오. 볼수록 정말 탐나는 물건이오! 그런데 접시 때문 에 우리 옷이 더러워지겠구먼. 이걸 어쩐다? 아무래도 그냥 되돌려놓 는 게 좋겠소." 그 외교관은 처칠의 말을 듣고 곧 그의 의견에 동의했 다. 두 사람은 함께 은접시를 원래 있던 자리에 가져다놓았다. 그래서 은접시들은 주인에게 돌아왔다.

처칠 부부는 여주인의 도와달라는 요청을 받아들이면서도 그 프랑 스 외교관의 잘못된 행위를 직접적으로 질책하지 않았다. 다만 그의 행동을 그대로 흉내내 똑같이 은접시를 '훔쳤다.' 그러고는 그 외교관에게 다가가 상의하는 척하며 접시가 옷을 더럽힐지도 모른다는 핑계를 대며 제자리에 돌려놓자고 설득했다. 이렇게 해서 외교관에게 빠져나갈 기회를 열어주면서 그의 체면도 살려주었다. 그리고 골동품 식기는 무사히 원래 주인에게 돌아갔다. 일거양득인 셈이다.

언변은 예술의 경지다. 많은 사람이 그 사실을 평생 이해하지 못한다. 흔히 하는 말로 "마음이 통하는 친구끼리는 이야기하되, 그럴 만한 벗이 아니거든 다 털어놓지 말지어다."

관심이 지나쳐 참견이 되면 화를 입는다네

"그 지위에 있지 않으면 관련된 일은 도모하지 말라."

不在其位 不謀其政
부 재 기 위 불 모 기 정
-《논어》「태백편」

    ✿ 양수(楊修)는 어떻게 죽었는가? 《삼국지(三國志)》와 《후한서(後漢書)》에서는 재주를 너무 뽐내서 조조(曹操)가 그를 꺼린데다 원술의 외조카이므로 계륵 사건을 빌미로 삼아 후환을 없앤 것으로 본다. 《삼국지연의(三國志演義)》에서는 시 한 편으로 그를 평가했다. "총명한 양수여, 대대로 높은 관직에 오른 집안이라네. 붓 끝에서는 용과 뱀이 달리고 가슴속에는 비단 수를 놓았지. 입을 열면 사방이 놀랐고 여러 영웅의 으뜸이 되었다네. 죽음을 당한 것은 재주 때문이지, 병사를 물리고자 해서가 아니라네." 즉 너무 똑똑한 탓에 잘못을 범했다고 평가한 것이다.

    명나라 때 풍몽룡(馮夢龍)의 생각도 이와 비슷하다. 그는 양수가 자신의 똑똑함을 너무 과시한 탓에 조조의 시기를 사서 죽음을 맞았다고 여겼다. 물론 양수의 죽음이 오로지 조조가 그의 총명함을 질투했기 때문이라는 판단이 틀렸다고 하긴 어렵지만, 더 깊이 생각해볼 필요는 있다. 조조 주변에는 능력 있는 인물이 많았다. 순욱(荀彧), 순유(荀攸), 가후(賈詡) 등의 총명과 지혜는 절대 양수보다 떨어지지 않았는데 어째서 그들은 무사했을까?

양수가 죽음을 당한 근본적 이유는 공자가 《논어》「태백편」에서 말한 이 가르침을 지키지 않았기 때문이다. "그 지위에 있지 않으면 관련된 일은 도모하지 말라."

《후한서》에서 "학문을 좋아하고 재주가 뛰어났다"라고 평가했듯이, 양수는 여러 방면에 능통하고 똑똑한 인물이었다. 그의 집안은 명문가였다. 증조부 양진(楊震)은 《후한서》에 단독 열전이 있을 정도의 명사였고, 4대를 내리 태위 벼슬을 했기에 그 위세가 당당했다.

조조 진영에서 양수는 주부(主簿)였다. 주로 주군을 위해 문서 초안을 잡아주는 하찮은 직책이지만, 자질에 맞는 일자리를 찾는다고 생각하면 그런대로 괜찮은 자리였다. 그러나 양수는 자기 자리에 만족하지 않았다. 그는 수시로 본분을 넘어 주군의 결정에 이러쿵저러쿵 참견하기 시작했다. 나아가 화원 문 사건,* 요구르트 사건,** 조조가 잠자던 도중 살인을 저지른 사건*** 등을 떠벌렸다. 이런 인물을 거느린 주군이 어떻게 마음이 편하겠는가? 따라서 양수의 죽음은 분수에 맞지

---

* 어느 날 조조는 자신이 만들라고 해놓은 정원을 둘러보더니 아무 말 없이 입구 대문에다 '활(活)' 한 글자를 써놓고 돌아갔다. 모두 무슨 뜻인지 몰라 당황했는데, 양수가 나서서 사람을 시켜 그 문을 헐고 다시 짓도록 했다. 사람들이 이유를 묻자 이렇게 대답했다. "문(門)에다 활(活) 자를 썼으니 넓을 활(闊) 자가 된다. 문이 너무 넓다는 말씀이지." 다음날 조조는 이 이야기를 듣고 크게 기뻐하며 양수를 칭찬했다.

않는 행동을 한 대가로 "그 지위에 있지 않으면 관련된 일을 도모하지 말라"라는 가르침을 어긴 결과다.

삼국시대에 활동한 또다른 양씨 성 주부의 이야기는 또다른 관점에서 '지위와 임무'의 관계에 대해 생각하게 한다.

제갈량은 승상 직을 맡자 직분에 혼신의 힘을 다했다. 모든 일의 마무리를 항상 자신이 하다 보니, 밤을 새워 새벽까지 일하는 경우가 많았고 피로는 극에 달해 몸은 나날이 쇠약해졌다. 비록 제갈량이 천하를 좌우할 만한 능력이 있었다지만 이처럼 일의 경중을 가리지 않고 모두 스스로 점검하려 하니 정사를 총괄해야 할 승상의 본분에서는 벗어나 있었다. 이런 습관이 계속되면 자신의 건강을 해칠 뿐 아니라 일 처리의 효율까지 떨어진다. 그래서 주부 양의(楊儀)는 제갈량에게 이렇게 권했다. "한 가정에서 주인의 역할은 집안을 관리하는 것입니다. 남자 노비의 역할은 밭을 가는 것이고, 여자 노비의 역할은 식사를 준비하는 것입니다. 닭은 울음으로 새벽을 알리고 개는 짖어서 도적을

** 서량자사 마등이 조조에게 보내온 진상품 중에 진귀한 소(酥, 낙타젖 요구르트)가 있었다. 조조는 살짝 맛본 후 단지 뚜껑에 '일합소(一盒酥, 한 단지의 요구르트. 盒=盒의 의미.)'라고 써놓고 자리를 떴다. 양수가 들어와 보고는 모두 한 숟갈씩 나눠먹게 했다. 나중에 조조가 와서 보고 어찌된 일인지 묻자 모두 벌을 받을까 두려워했는데, 양수가 웃으며 태연히 말했다. "승상께서 합(盒) 자를 쓰셨으니 풀어보면 인일구(人一口, 한 사람이 한 입)라는 뜻이 아니겠습니까?" 조조는 겉으로는 웃어넘겼으나 이때부터 양수를 미워하게 되었다고 한다.

*** 조조는 항상 주변 사람들에게 자신은 꿈꾸다가 사람을 죽이는 버릇이 있으니, 잠들었을 때 다가오지 말라고 입버릇처럼 경고했다. 암살을 피하기 위한 술수였다. 어느 날, 조조가 낮잠을 자는 중 이불이 흘러내린 것을 본 시종이 이부자리를 고쳐주러 다가갔다. 그러자 조조가 벌떡 일어나 시종을 베고는 아무 일 없었다는 듯 다시 침상에 올라갔다. 한참 지나서야 비로소 깨어나 거짓으로 놀란 척 누가 죽였느냐며 큰 소리로 통곡하더니 후히 장사지내게 했다. 연기가 하도 뛰어나 다른 이들은 정말 조조가 꿈속에서 사람을 죽이는 버릇이 있다고 믿었다. 그러나 양수만은 그 의중을 간파하고 "승상께서 꿈을 꾼 게 아니라, 자네가 꿈속에서 죽었네"라고 한탄하여 조조의 신경을 긁었다.

막습니다. 소의 임무는 화물을 나르는 것이고, 말의 임무는 멀리 달리는 것입니다. 이렇게 역할분담이 명확해야 집안은 주인이 바라는 대로 돌아갑니다. 그런데 주인이 집안 대소사를 모두 떠안고 다른 사람에게 나눠주지 않는다고 생각해보십시오. 주인은 시간은 시간대로 쓰고 힘은 힘대로 드는데, 몸은 녹초가 됩니다. 그 원인을 짚어보면, 그가 집안의 주인으로서의 기준을 잃어버렸기 때문입니다."

제갈량은 그 이야기를 듣고 크게 마음이 움직였다. '그러고 보면 다른 사람에게 결정권을 나눠준다고 해서 꼭 정치의 도리를 잃는 것은 아니로구나!'

사회는 구성원 모두가 각자 맡은 직분에 충실할 때 비로소 효율이 높아지고 성과를 내게 된다. 시대를 막론하고 위로는 황족과 군신, 관리에서부터 아래로는 행상인과 심부름꾼, 보통 백성에 이르기까지, 다양하게 나뉜 사회적 계층의 사람들은 각자 나름의 사회 적응법과 사고방식, 행동양식과 행동범주를 가지고 있다. 이렇게 서로 다른 집단들이 자신과 주변을 바꿔나가며 서로 맞서거나 협력하는 과정에서 사회를 발전시킨다.

현대사회는 전문화의 경향이 과거보다 훨씬 짙어졌다. 요즘 세상에서는 자신의 분야에만 정력을 쏟을 뿐 다른 분야까지 넘볼 수 있는 여유가 없다. 그러니 각자의 업종 내에서 대가가 되어 그 지위에 있으면서 깊이 생각하고 도모하라. 그 분야에 통달하고 핵심을 파악하여 해당 업종에서 없어서는 안 될 존재가 되라.

오래 생각한다고 올바른 결정을 내릴 것 같은가

"어떤 사안을 놓고 행동을 취하려 할 때는, 세 번을 생각하고 나서 실행해야 한다."

三思而後行
삼 사 이 후 행
-《논어》「공야장편」

🌸 어떤 사안에 대해 결정을 내릴 때는 신중을 기하여 사전에 충분히 검토해야 한다. 그런데 신중에 신중을 기하여 두 번 세 번 생각하여 결정을 내리는 사이, 절호의 기회를 놓쳐버린 쓰라린 경험을 누구나 한 번쯤은 했을 것이다. 우물쭈물하는 사이 다른 회사가 시장의 기회를 선점해버리고, 정작 본인들의 회사는 겨우 남은 조그마한 몫밖에 챙기지 못하는 상황 말이다.

《논어》「공야장편」에 따르면 노나라 조정의 실권자인 계문자(季文子)는 이렇게 말했다. "어떤 사안을 놓고 행동을 취하려 할 때는, 세 번을 생각하고 나서 실행해야 한다."

누군가가 계문자의 그 말을 공자에게 전해주었다. 공자는 그 말을 듣더니 이렇게 논평했다. "'세 번 생각하고 나서야 행동한다'는 계문자의 말은 어떤 의미인가? 원인과 결과를 이모저모 따져보고 나서 비로소 움직이기 시작하라는 말인가? 나는 이런 식의 거듭된 장고는 쓸데 없는 짓이라 생각한다. 행동하기 전에 필요한 만큼만 생각하면 충분하다. 생각이 지나치면 오히려 행동을 방해하고 현실에서의 삶에 부담만 안겨준다."

환무용(宦懋庸)의 《논어계(論語稽)》에는 이런 말이 나온다. "계문자는 평생 재앙과 복록, 이득과 손해를 따지는 것을 지나치게 밝혔다. 그래서 좋은 점과 나쁜 점을 적당히 감안하여 결단을 내리지 못했으니, 모두 세 번 생각한다는 신조의 병폐에서 나왔다. 그는 세 번을 생각하고 나서야 행동했고, 특히 속물적인 일에는 그 정도가 심하여 지나치게 신중했다. 그리하여 그 폐해가 사리사욕을 추구하는 쪽으로만 흘러가 버렸다."

"세 번 생각하고 나서야 행동한다"의 의미는 명확하다. 기본적으로 일을 진행하기 전에 충분히 생각하는 습관을 가지라는 가르침이다. 그러나 '세 번 생각하고 나서야 행동하는' 자세는 결코 작은 일에 노심초사하고 앞뒤를 재면서 결단을 주저하라는 뜻은 아니다. 생각이 무르익을 때를 기다렸다가 책임을 질 수 있는 상황에서 결정하라는 말이다.

많은 사람이 충동에 따라 일을 처리한다. 첫인상이나 막연한 느낌대로 결정을 내려버리는 것이다. 하지만 일시적인 충동에 사로잡히면 문제를 완전히 파악하지 못한다. 기분대로 하지 않고 직접 관계자를 찾아 자문을 구하거나 부서장에게 보고하고 의견을 듣는다면 유리한 의사결정을 할 수 있다. 자신이 정확한 판단을 내리지 못하겠거든 주변 사람들의 의견에 귀를 기울여보라.

그러나 요즘처럼 세상이 급변하는 시대에 '세 번 생각하고 나서야 행동하는' 태도는 독이 될 수 있다. 잠시 망설이다가 기회를 영영 잃어버릴 수 있다. 콜린 파월(Colin Powell)*이 말한 것처럼, 판단에 필요한 정보의 40퍼센트에서 70퍼센트를 가지고 있을 때 결정을 내려야 한다. 정보가 너무 적으면 헛짚을 위험성이 있고, 정보가 충분해질 때쯤이면 적군도 이미 행동을 개시하여 주도권을 잃어버리기 때문이다.

'세 번 생각하고 나서야 행동하는' 진중함과 신속하게 기회를 잡는 결단력은 모두 필요한 자질이다. 일처리를 효과적으로 하려면 기회가 왔을 때 잡는 법을 배우는 동시에 결정을 내릴 때 충분히 생각하는 습관도 함께 길러야 한다. 이 두 가지를 겸비한 인재라면 성공의 세계에 발을 들여놓은 셈이다.

난화이친(南懷瑾)**은 《논어별재(論語別裁)》 「공야장편」 제5절에서 '세 번 생각한다'는 문구를 분석하여, 공자는 계문자가 너무 많이 생각하는 것을 비판했다고 지적한다. 처신이나 일처리에 정성을 다하고 조심하는 것은 좋으나 '세 번 생각하고 나서야 행동하는' 것은 지나치다고 경계한 것이다. 세상의 어떤 일이든 옳고 그름, 이해득실, 선악의 판

---

* 1937~. 미국 역사상 흑인으로서는 최초로 합참의장을 지낸 인물. 1991년 합참의장으로 걸프전을 성공적으로 수행하면서 국민적 인기를 얻게 되었으며, 2001년부터 2004년 사이 부시 행정부의 국무장관을 역임했다.

** 1918~. 저장 성 원저우 출신의 타이완 동양학자. 젊은 시절 중국 전역과 티베트를 돌아다니며 무예를 익히고 유불도(儒佛道) 전반에 걸쳐 사상과 경문, 수행법을 섭렵했다. 공산화 이후에는 타이완으로 건너가 여러 대학과 연구소에서 저작 및 강의활동을 했다. 장제스와 장징궈 총통이 국사(國師)로 모시고 자문을 청한 것으로 유명하며, 중국 전통문화의 정수를 한몸에 흡수한 인물로 존경받고 있다.

단은 상대적인 것이지 절대적 기준은 없다. 무엇인가를 세 번이나 생각한다는 것은 귀찮고 질리는 일이다. 또 생각을 거듭하다 보면 모순의 모순이 생기기 마련이고 꼬리에 꼬리를 무는 생각만 하다 결론을 내릴 수가 없게 된다. 따라서 어떤 일에 착수하게 되었을 때는, 한 번 생각해보고 돌이켜 한 번 더 생각해보는 정도로 충분하다. 그러니 신중할 때는 신중해야 하지만, 정도가 지나치면 옹졸해지는 법이다. 그래서 공자는 세 번 생각하고 나서 행동하는 것에 부정적이었고 두 번 생각하는 것으로 족하다고 주장했다.

결정을 내려야 할 때는 신중을 기해야 한다. 그러나 지나치게 몸을 사리면 우유부단해지기 쉽고, 기회를 놓치는 잘못을 피하기 어렵다. 행동으로 옮길 때는 과감해야 한다.

공자는 충분히 생각하는 것은 맞지만 생각 때문에 행동이 제약받아서는 안 되며, 행동이 목적이 되어야 한다고 충고했다. 생각의 가치는 행동으로 옮겼을 때에야 비로소 실현되기 때문이다.

3

사람, 그 중 착벽에서

올해 자네 부모님 연세는 어찌 되는가

"부모의 연세가 한 해씩 올라가는 것을 반드시 염두에 두고 있어야 한다. 이는 자기에게 잔소리를 해주는 분이 있다는 사실을 기뻐하기 위한 것이고, 동시에 이미 연로하신 부모에게 언제든 발생할지 모르는 의외의 사태에 대비하기 위한 것이다."

父母之年 不可不知也 一則以喜 一則以懼
부 모 지 년 불 가 불 지 야 일 즉 이 희 일 즉 이 구
―《논어》「이인편」

€ 5.4운동 이래, 예교(禮敎)와 효(孝)를 가장 열렬히 비판했던 우위(吳虞)*는 사실 굉장한 효자였다. 유학은 발전하여 후대로 내려올수록 점점 인간의 자연스러운 감정에서 멀어졌고 공자의 가르침과도 괴리가 심해졌다. 즉 우위가 비판한 예교는 사실 인성을 왜곡하는 유학이었고, 그가 반감을 품었던 효도는 인습화한 잔인한 효도였다.

《논어》에는 부모에게 효도하고 순종하라는 말이 수없이 나온다. 공자는 부모에게 효도하고 순종하는 것의 핵심을 '색난(色難)'**이라 표현

했다. 물질적으로 잘 봉양하는 것은 쉽다. 그러나 마음이 태도에까지 나타날 정도의 효도는 어려운 법이다. 부모 세대와 자식 세대 간에는 삶의 경험과 개인적 성격의 차이 때문에 친혈육이라 할지라도 벽이 생길 수 있다. 사람들이 흔히 말하는 '세대차'다. 그리고 어느 세대건 세대차로 생긴 갈등은 풀지 못한 화두였다.

솔직히, 부모자식 간은 내리사랑이다. 자기 자식에게는 있는 정성 없는 정성 모두 쏟으면서도, 자기 부모에게는 그 정성의 십분의 일도 기울이지 않는 게 보통이다. 자녀들 생일은 음력과 양력을 모두 기억하지만, 부모 생일은 '일이 바빠서' '이런저런 사정이 있어서' 등의 핑계를 대며 잊어버리기 일쑤다. 공자는 《논어》「이인편」에서 이렇게 말했다. "부모의 연세가 한 해씩 올라가는 것을 반드시 염두에 두고 있어야 한다. 이는 자기에게 잔소리를 해주는 분이 있다는 사실을 기뻐하기 위한 것이고, 동시에 이미 연로하신 부모에게 언제든 발생할지 모르는 의외의 사태에 대비하기 위한 것이다."

살아가면서 경험하는 사랑 중 어떤 것은 너무 익숙해져서 그 소중함을 쉽게 잊는다. 부모는 자식과 전화통화할 때면 이것저것 말이 많아진다. 그런데 사실 자식 쪽에서는 이미 귀에 못이 박이도록 들은 이야기라, 속으로는 언제 끝나나 하면서 건성으로 받는다. 그런데 어느날 이런 잔소리 같은 당부의 말이 뚝 끊긴다고 생각해보라. 부모님이

---

* 1874~1949. 5.4운동의 사상적 지도자. "도적놈 공자(盜丘)가 끼친 해악은 만세에 미친다"라며 공자의 사상과 유교적 전통을 극렬하게 비판했다.
** 《논어》에서 가장 함축적이고 해석이 분분한 문구 중 하나. 일반적으로 효심이 자연스럽게 우러나와 안색(顏色)에 드러나는 것으로 풀이한다.

돌아가시고 나면 그분들의 목소리를 다시 듣고 싶어도, 아무리 가슴 아파해도 뒤늦은 후회일 뿐이다. 설령 당시에는 뭔가 이유가 있었다 하더라도, 돌아가시고 나면 생전에 부모의 말씀을 귓등으로 흘린 기억이 떠오를 때마다 후회의 감정이 밀려올지도 모른다.

사람은 나이가 들면 신체 기능과 더불어 정신연령도 퇴화한다. 그래서 진정 지혜로운 노인은 드물고 오히려 사리에 맞지 않게 억지를 부리는 노인이 대다수다. "나이를 먹으면 도로 아이가 된다"라는 말 그대로다. 그렇다 보니 노인은 누군가 항상 비위를 맞춰주길 바란다. 하지만 그들은 오랜 세월 굳어진 자기만의 사고방식과 행동원칙이 있기 때문에 어린아이보다 비위를 맞춰주기가 훨씬 어렵다. 그래서 공자는 이렇게 제안했다. "연장자는 공손한 태도로 모셔야 한다. 말대꾸해서도 안 된다. 부모는 나이가 든 후에는 아주 예민해지기 때문이다. 그러니 아무리 일이 바쁘다 해도 원망하지 말고, 요새 이런저런 일이 있었다는 것을 자세히 설명해드려라. 만일 일이나 사업 때문에 꼭 외지에 가야 한다면, 마땅히 먼저 부모의 생활여건을 잘 돌본 후에 길을 떠나라."

맹자는 공자의 가족관계에 대한 주장을 한층 더 발전시켰다. 그는 부모자식 사이의 관계에는 정의의 원칙을 적용하지 말아야 하며, 친밀한 정과 사랑이야말로 그 본질이라고 주장했다. 세상에서 혈육 사이의 대립과 싸움보다 더 불행한 일이 어디 있겠는가?

어떤 이는 유가에서 이상으로 여기는 '가족끼리 허물 숨겨주기'가 현대법의 정의 원칙을 위반한다고 지적한다. 하지만 인륜을 해치면서까지 지켜야 할 정의가 존재한다면 그런 원칙에 대해서는 의문을 품어봐야 한다. 가족 간의 사랑은 사회윤리의 바탕을 이룬다. 하지만 사람들은 역설적이게도 그토록 존귀한 가족 간의 사랑을 가장 소홀히 대한다.

우리는 왜 항상 잃어버리고 나서야 그 아름다움을 깨닫는가? 부모가 이 세상을 떠난 후에야 그분들의 소중함과 감사함을 알 것인가? 부모의 연세를 몰라서는 안 된다. 부모님의 사랑이 얼마나 소중한 것인지 잊지 말라.

이왕 사는 거 큰 꿈을 갖자고 마음먹었지

"사람은 능히 도를 넓히지만 도가 사람을 넓히는 것은 아니다."

人能弘道 非道弘人
인 능 홍 도 비 도 홍 인
—《논어》「위령공편」

      🌸 공자는 《논어》「위령공편」에서 다음과 같이 말했다. "사람은 능히 도를 넓히지만, 도가 사람을 넓히는 것은 아니다." 이 말의 의미는 이렇다. '사람은 자신을 비하해서는 안 된다. 한 인간의 인격적 매력에 의한 감화는 죽을 때까지 확장된다. 하늘의 개입도 구체적 개인이 만들어낸 틀을 넘지 못한다.'

나카노 고지(中野孝次)가 지은 《청빈의 사상》에는 일본의 유명한 승려 료칸(良寬)의 이야기가 실려 있다. 료칸은 찢어지게 가난한 탁발승이었다. 그러나 사람들은 그를 매우 존경했다. 그런데 료칸에게는 버릇없는 조카가 한 명 있었다. 집안에서 어떤 훈계를 해도 소용없었다. 어쩔 수 없이 형수는 조카를 료칸에게 데려갔다. 고승인 삼촌이라면 좋은 방향으로 교화시킬 수 있을 것이라고 생각했기 때문이었다. 료칸과 조카는 사흘 동안 함께 생활했다. 함께 지내는 동안 료칸은 조카를 한 번도 꾸짖지 않았고 그저 평상시처럼 생활했다. 작별할 때가 되자 료칸은 조카를 불러 가까이 오게 했다. 조카는 삼촌이 뭔가 가르침을 베풀 것이라고 생각했다. 그러나 료칸은 단지 자신의 신발끈을 매는 것을 도와달라고 했을 뿐이었다. 시킨 대로 막 신발끈을 매려고 하는 참에, 조카는 자신의 머리 위로 눈물이 뚝뚝 떨어지는 것을 알아차렸다. 고개를 들어 바라보니 료칸은 눈물이 그렁그렁한 자애로운 눈빛으로 자신을 응시하고 있었다. 조카는 자기도 모르게 눈물을 흘렸고, 이후로 새사람이 되었다.

이 이야기는 도덕, 인격을 현실과는 무관한 애매모호한 추상적 개념으로 여기지 말라는 메시지를 우리에게 전한다. 인격의 힘은 많은 일을 가능하게 만든다. 공자의 이상은 홍도(弘道), 즉 형체가 없는 큰 가르침을 널리 전파하는 것이었다. 많은 사람이 공자의 가르침을 공허하게 여기고, 현실에 부합하지 않는 이상론이라 생각했다. 그러나 진지하게 실천해본다면 이 형체 없는 큰 가르침이 우리 삶을 다스리고 있을 뿐만 아니라 이미 수천 년을 다스려왔고, 아마 앞으로도 몇천 년간 계속될 것임을 알게 될 것이다. 큰 가르침을 펴겠다는 공자의 꿈은 공허한 담론이 아니다. 또한 모든 방면의 자질구레한 지식과 정보를 뒤섞어 만든 잡탕 이론도 아니다. 그것은 지극히 실재적이며 생활에서 우러나오는 살아 있는 지혜로 엮은 결과물이다.

공자 자신도 가끔은 낙담하여 "사람들은 덕을 닦는 것보다 미색을 더 좋아한다"라고 한탄했다. 또 이렇게 투덜대기도 했다. "백성은 어쩌면 이리도 자신을 위험에 빠뜨리고, 덕성을 흠모할 생각을 하지 않는단 말인가." 그러자 어떤 사람이 이렇게 반문했다. "인생이란 괴롭고 한순간에 지나가는 거요. 오늘 아침에 술이 있으면 마시고 취하면 되지, 인의도덕이 다 무슨 소용이오?" 공자도 당시 사람의 마음이 그 정도 수준임을 잘 알고 있었다. 그러나 그는 수고로움을 마다하지 않고 가르침을 펴나갔다. 그의 신념이 확고해질수록 가르침을 전하기 위한 여정도 늘어났다.

어느덧 늙은 공자는 병에 걸렸다. 그는 자신이 머지않아 세상을 떠날 것임을 알았다. 그가 가장 아꼈던 제자 안회는 이미 세상을 떠난 지 오래였다. 그의 아들인 자어와 괄괄하고 솔직한 제자 자로 역시 그보다 먼저 세상을 떠났다. 흰머리의 노인이 검은머리의 젊은이들을 떠나보낸 것이다. 세상의 곤경과 환대, 슬픔과 기쁨, 헤어짐과 만남은 이미 충분히 맛보았다. 그는 대문 앞에 서서 먼 곳을 바라보았다. 누구를 기다리고 있었을까? 이윽고 멀리서, 오랜 여정에 지친 자공이 다가왔다. 공자는 원망하는 투로 말했다. "이 철없는 녀석, 왜 이리도 늦게 왔느냐." 원망하는 말투였지만, 마음속으로는 안심하고 있었다. 잠시후 공자는 노래를 불렀다. "태산이 무너지는구나! 기둥이 꺾이는구나! 철인(哲人)이 죽어가는구나!" 노래를 부르면서 공자는 눈물을 흘렸다. 옆에 서 있던 자공은 스승이 눈물을 흘리는 모습을 지켜보았다. 공자는 세상에 대한 미련을 떨쳐버리지 못했지만 여전히 여유로운 태도로 자공에게 뒷일을 부탁했다. 자공이라면 반드시 자신의 마지막 바람을 완성할 수 있을 것임을 알고 있었기 때문이다. 공자는 자공에게 자신의 장지를 선조들의 땅에 마련해달라고 당부했다. 그리고 이레 뒤 편안하게 세상을 떠났다.

《사기(史記)》에서는 이렇게 말한다. "공자는 노나라 도성의 북쪽 사수(泗水) 가에 장례를 지냈다. 제자들은 모두 3년간 상복을 입었다. 삼년상이 끝나고 서로 이별할 때 모두 통곡하며 다시 애도를 표했다. 일부 제자들은 무덤가에 더 머무르기도 했다. 특히 자공은 무덤에 초막을 짓고 3년을 더 머물러 6년을 지내고서야 떠났다. 나중에 무덤 옆으로 옮겨와 사는 제자들과 노나라 사람이 백여 가구에 이르렀다. 그래서 노나라에서는 왕명으로 그 마을을 공자마을이라고 칭했다. 노나라에서는 해마다 때가 되면 공자에게 제사를 지내고, 유가의 가르침을 따르는 이들이 이곳에 모여들어 강론과 연회, 활쏘기 등을 거행했다. 공자의 무덤은 면적이 1경*이었다. 무덤 근처 제자들이 생활했던 곳 안에는 의관과 거문고, 수레, 서적 등을 보관해왔는데, 한나라가 세워진 지 2백 년이 지난 지금까지도 전해지고 있다. 고조가 노나라 땅을 지나다가 태뢰(太牢)**의 예로 제사를 지냈는데, 그후 제후나 대신이 이곳에 이르면 항상 공자의 무덤에 참배한 뒤 정사를 폈다."

자공은 공자를 위해 6년 동안 묘지기를 했는데, 이는 자공의 사람됨을 보여주는 일화인 한편, 공자의 인격적 매력을 보여주는 사례이기도 하다.

사마천은 「공자세가」에서 무엇이 진정한 위대함과 불후의 업적인지를 논했다. 역사상에는 생전에 그토록 호사를 누리며 향기로운 수레

---

* 고대 중국의 도량형으로 1경(頃)은 100무(畝). 1무는 약 99.17㎡에 해당한다.
** 천자가 종묘에 제사를 지낼 때 갖추는 최고의 예물. 털이 가지런하고 뿔이 곧은 소와, 양, 돼지를 한 마리씩 바친다.(후대에는 소만 잡는 것으로 약식화)

와 보석으로 장식한 말들을 소유하고 수많은 미인을 거느린 권세가가 많았지만 죽고 나면 모두 흔적도 없이 사라졌다. 공자는 지식인에 불과했지만, 그가 설파한 가르침은 오랜 세월이 지나도록 사라지지 않았다. 이것을 깨닫고 나서 사마천은 비로소 이렇게 감탄했다. "《시경》에 말하기를 '높은 산은 사람들이 우러러보고, 큰 길은 사람들이 따르네'라고 했다. 내가 비록 그 경지에 이르지는 못했으나 마음으로 그를 흠모했다. 나는 공자의 저술을 읽으면서 그의 사람됨을 상상했다. 노나라에 갔을 때, 공자의 사당과 수레와 의복과 예기를 살펴보았는데, 많은 유생이 그곳에 잠시 머물면서 예를 익히는 것을 보았다. 나는 존경하는 마음이 우러나와 발길을 돌릴 수가 없었다."

이런 기록들을 보면 공자의 가르침은 공허한 담론이 아니라 실질적인 행동강령이라는 것을 알 수 있다. 그의 이상은 자신에게 무한한 힘을 주었을 뿐 아니라, 후대인들에게 온갖 은혜를 베풀었다.

베스트 사위 감별법을 알려줌세

"충분히 딸아이를 시집보낼 만한 인물이다. 지금은 비록 옥에 갇혀 있지만, 뒤집어쓴 죄목은 그 사람이 저지른 게 아니다."

子謂公冶長 可妻也 雖在縲絏之中 非其罪也 以其子妻之
자 위 공 야 장 가 처 야 수 재 류 설 지 중 비 기 죄 야 이 기 자 처 지
ㅡ《논어》「공야장편」

    🌸 진(晉)나라 태부(太傅) 벼슬을 지낸 치감(郗鑒)은 다음과 같은 방식으로 사위를 골랐다. 애지중지하는 딸 치선(郗璇)은 이목구비가 수려한데다 똑똑하고 영리했는데, 스무 살이 되어 시집을 가려 했다. 사랑하는 딸에게 어울리는 남편감을 찾아주는 것은 태부 치감의 으뜸가는 관심사였다.

    치감은 승상 왕도(王導)의 아들들이 모두 잘생기고 멋쟁이라는 소문을 들었기에, 왕도의 집안과 혼약이 이루어지기를 바랐다. 왕도 역시 그의 제안에 만족하며 찬성했다. 그래서 치감은 길일을 선택하여, 남편감을 골라오도록 문객 한 명을 파견했다. 문객은 치감의 친필서신을 들고 왕도의 저택에 도착했다. 왕 승상은 편지를 읽어보더니 문객에게

말했다. "내 아들들은 모두 동쪽 사랑채에 있다네. 치 태부께 뜻대로 고르시라고 전해주게나!" 문객은 동쪽 사랑채에 가서 아들들을 살펴보고 나서 승상에게 감사를 표한 다음 저택을 나섰다.

치감의 저택으로 돌아온 문객은 태부에게 말했다, "백 번 듣는 것보다 직접 한 번 가서 보는 게 낫다더니, 승상 댁에 가서 살펴보니 그 말대로였습니다. 왕 승상의 아드님들은 모두 용이나 봉황 같은 인걸들입니다. 제가 태부 나리를 위해 사윗감을 고르러 왔다는 사실을 알고 도련님들은 모두 근사하게 차려입고 나왔습니다. 그런데 젊은 도련님 한 분은 배를 드러낸 채 동쪽에 놓인 침상에서 주무시고 있더군요. 마치 자신은 이 혼사와 아무런 상관이 없다는 듯이 말입니다." 그런데 문객의 말을 듣고 치감은 기뻐하며 뜻밖의 반응을 보였다. "배를 드러내놓고 침상에서 자고 있더라는 그 젊은 공자를 사위로 삼겠네. 분명히 좋은 사윗감이 될 거야." 이 청년이 바로 왕희지(王羲之)였다.

왕희지는 자(字)가 일소(逸少)이며, 동진(東晋) 낭야(琅邪)의 임기(臨沂, 오늘날의 산동 지역에 속함) 사람이다. 벼슬은 우군장군(右軍將軍)과 회계내사(會稽內史)에 이르렀고, 회계의 산음(山陰, 오늘날의 저장 성(浙江省) 샤오싱(紹興)) 땅에 정착했다. 부지런히 서법을 익히면서, 다른 이의 장점을 널리 받아들이고 그 서체들을 깊이 연구했다. 그는 낡고 진부한 글씨들을 버리고 스스로 새로운 서체를 만들어냈는데, 아름답고 자연스러우며 쓰기 쉬웠다. 역대 서법가들이 왕희지의 서체를 흠모하고 떠받드니, 후세에 큰 영향을 미쳤다.

많은 사람이 학벌이나 재산을 사위 선택의 기준으로 삼는다. 물론 이것도 크게 비난할 일은 아니다. 자기 딸이 산해진미를 먹고 비단옷을 입기를 바라지 않는 부모가 어디 있겠는가? 다만 이 때문에 딸의 바람과 감정을 무시하고 혼담을 진행한다면, 딸의 인생에 비극을 불러올지도 모른다. 《서상기(西廂記)》에 나오는 최앵앵(崔鶯鶯)의 어머니는 재물을 좋아하고 가난을 혐오하여 온갖 방법으로 딸의 아름다운 인연을 방해한다. (하지만 다행히도 최앵앵은 하녀 홍낭(紅娘)의 도움으로 결국 마음속에 그리던 장군서(張君瑞)와 맺어진다.)

어떤 부모는 극도로 이기적이어서, 딸을 재산처럼 여기며 마음대로 사고팔 수 있는 것으로 생각한다. 《홍루몽》에 나오는 영국부(榮國府)의 가사(賈赦)는 은자 5천 냥에 자기 딸 영춘(迎春)을 '중산(中山)의 이리' 손소조(孫紹祖)에게 팔아버린다. 결국 영춘은 가정폭력으로 비극적인 최후를 맞는다. 물론 이런 부모는 소수에 불과하다.

그렇다면 공자는 어떻게 사윗감을 골랐는가? 《논어》에서는 공자가 친딸은 공야장(公冶長)에게, 조카딸은 남궁괄(南宮适)에게 시집보냈다고 전한다.(공자의 형은 일찍 세상을 떠났으므로 공자가 조카딸의 혼사를 맡았다.)

그런데 당시 공야장은 옥살이를 하고 있던 인물이었다. 누군가 이 혼사에 이의를 제기했을 때 공자는 이렇게 말했다. "충분히 딸아이를 시집보낼 만한 인물이오. 지금은 비록 옥에 갇혀 있지만, 뒤집어쓴 죄목은 그 사람이 저지른 게 아니오."

공야장에 관해 알려진 것이라고는 공자의 제자였고 옥살이를 했다는 것뿐이다. 야담에 의하면 그는 새의 말을 알아들었는데, 새에게 신용을 잃은 탓에 해코지를 당해 옥살이를 한 것이라고 한다. 공야장이 실제로 어떤 죄목으로 옥에 갇혔는지는 알 수 없다. 그러나 공자는 제자의 사람됨을 잘 알고 있었기에, 공야장이 투옥된 것은 죄를 저질렀기 때문이 아니라고 믿었고 기꺼이 딸을 시집보냈다. 공자가 공야장에게 딸을 시집보낸 것은 불쌍하게 여기거나 동정해서가 아니라, 공야장을 인간적으로 좋아하고 인격을 높이 평가하고 품행에 감동했기 때문이다. 이를 통해 공자가 사윗감을 고르는 기준은 재산이나 학벌이 아니라 사람의 품성과 인격이었음을 알 수 있다.

조카딸의 배필인 남궁괄 역시 품성이 훌륭하고 덕이 높은 인물이었다. 언젠가 남궁괄이 공자에게 물었다. "후예(后羿)는 활쏘기에 능했고 오(奡)는 수중전에 능했지만 모두 그 끝이 좋지 않았습니다. 반면 우(禹)와 직(稷)은 몸소 농사를 지었지만 오히려 천하를 얻었습니다. 이런 역사적 사실을 어떻게 이해하면 좋겠습니까?"

고대 전설에 따르면, 옛날에 태양이 열 개가 뜬 적이 있었는데, 후예가 그중 아홉 개를 쏘아 떨어뜨려 지금의 태양 하나만 남았다. 후예는 자신의 활솜씨와 용맹함을 믿고 유궁국(有窮國)의 임금이 되어 왕을 칭하려고 했다. 그러나 신하였던 한촉(寒浞)에게 죽음을 당하여 끝이 좋지 못했다. 오는 한촉의 아들이었는데, 소강(小康)에게 죽음을 당하여 역시 끝이 좋지 못했다. 남궁괄이 언급한 이 두 사람은, 한쪽은 활솜씨가 그토록 뛰어났고 다른 한쪽은 수중전에 능했지만 나중에는 모두 비참하게 죽었다. 남궁괄이 이 두 사람의 예를 들어 하고 싶었던 말은 바로 무력에 의존하여 정복하려 드는 자들은 그 끝이 좋지 못하다는 것이었다.

또한 남궁괄은 그와는 반대되는 우왕과 후직의 예를 들었다. 우와 후직은 예나 오와 같은 야망이나 능력은 없었지만, 착실하게 밭을 갈고 성실하게 처신하여 결국 천하를 차지했다. 우는 자기 자신이 천하를 얻었고, 후직은 자손 대에 이르러 주나라가 천하를 얻었다.

남궁괄은 두 종류의 인물을 거론했다. 한쪽은 남궁괄이 부질없는 짓이라 여긴 술수의 힘으로 한때 성공했지만 결국 쓰러지고 말았다. 다른 쪽은 조심스럽게 자기 분수를 지키면서 살았다. 이 둘 중 어느 쪽이 올바른 길인가?

공자는 질문을 들었지만 답변은 하지 않았다. 답은 바로 문제 안에 있기 때문이었다. 그래서 남궁괄이 밖으로 나간 후 공자는 다른 제자들에게 말했다. "이 사람은 참으로 군자로구나! 이 사람은 참으로 고귀한 품성을 지녔다!"

남궁괄은 매우 꼼꼼하고 신중한 성격이었다. 《논어》에서는 그가 "백규(白圭)의 흠은 갈아낼 수 있지만, 말의 흠은 어찌할 수가 없구나"라는 《시경》 구절을 매일 여러 차례 읊었다고 전한다. 남궁괄은 이 시구에 공감했던 것이 틀림없다. 이 시구를 오늘날의 말로 바꾸면 이런 의미다. '백옥으로 만든 홀(笏) 표면에 흠결이 있다면 갈아 없앨 수 있다. 그러나 말하는 가운데 나온 실수들은 돌이킬 방법이 없다.' 즉 언행을 신중히 하도록 경계하는 내용의 시였다.

남궁괄이 이 시구를 여러 차례 반복해 음미했다는 것은, 시에 담긴 교훈에 감동했고 그 교훈에 따라 살고자 했다는 것을 말해준다. 우연히 그런 모습을 목격한 공자는, 이 제자가 틀림없이 겸손하고 남을 배려하는 인물일 것이라고 판단했다. 공자는 남궁괄을 "나라의 정치가 깨끗할 때에는 언제든 벼슬을 할 만한 인물이라 버림받지 않을 것이다. 나라의 정치가 혼탁해진다 해도 형벌을 받는 처지가 되지는 않을 것이다"라고 평가했다. 그래서 안심하고 조카딸을 시집보낸 것이다.

공자는 혼사를 결정하는 것이나 평소 사람을 대하는 마음가짐에서, 집안의 격이 맞지 않는 것이나 돈이 많지 않은 것에는 개의치 않았다. 다만 사윗감의 인품만을 따졌다.

뉴스에 난 자들을 보면, 우선 자신을 돌아보게

"현명한 이를 보면 가지런함을 생각하고, 현명하지 않은 이를 보면 안으로 자신을 살펴라."

見賢思齊焉　見不賢而内自省也
견 현 사 제 언　견 불 현 이 내 자 성 야
—《논어》「이인편」

🌸 공자는 《논어》「이인편」에서 다음과 같이 말했다. "현명한 이를 보면 가지런함을 생각하고, 현명하지 않은 이를 보면 안으로 자신을 살펴라." 이 말은 곧 현명한 이를 보았을 때는 어떻게 하면 나도 저런 사람과 같은 수준에 도달할 수 있을까를 고민하고, 현명하지 못한 이를 보았을 때는 나에게 혹시 저런 사람과 같은 단점이 있지나 않을까를 반성해보라는 의미다. 이와 비슷한 의미로 노자는 이렇게 말했다. "착한 이는 착하지 않은 이를 스승으로 삼는다. 착하지 않은 이는 착한 이의 모범이다." 노자의 말은 공자가 위에서 한 말과도 통한다.

좋은 사람은 당연히 우리의 스승이 될 수 있다. 그는 우리가 따라 배울 모범이 되기 때문이다. 나쁜 사람 역시 자신과 그를 비교하며 거울삼고 교훈을 얻는 타산지석이 된다. 불교에도 적을 원망하거나 미워하지 말고 친구를 사랑하는 것처럼 항상 사랑하라는 가르침이 있다. 여기에는 그 사람을 사랑하여 악업에서 구해내라는 의미 외에, 그를 거울삼아 항상 자신을 반성하라는 의미가 담겨 있다.

노자든 공자든, 그들은 모든 이가 성인이 되는 것은 불가능하다는 사실을 알고 있었다. 그래서 노자는 최고의 지혜에 도달한 이들만이 도를 듣고 행하며, 중등 지혜를 지닌 이는 듣고도 반신반의하고, 하등 지혜를 지닌 사람은 대도를 듣고 크게 웃으며 조롱한다고 했다. 공자는 제자들을 중등 이상의 지혜를 지닌 이와 중등 이하의 지혜를 지닌 이의 두 그룹으로 나눠 가르쳤다. 72명의 제자에게는 육경(六經)을 모두 가르쳤지만, 3천 명의 보통 제자에게는 시서예악(詩書禮樂)을 강론했고 그 외의 사람들에게는 약간의 가르침만을 주었다. 이것이 이른바 '그릇에 따라 가르침을 달리 베푸는' 교육법이다.

그러나 다른 한편으로 노자와 공자 모두 사람은 누구나 덕을 배울 수 있다고 보았다. 노자는 "평탄하고 큰 길이 있건만 사람들은 한사코 샛길만 찾아다닌다"라고 말했다. 사람들이 충분히 도를 배울 수 있는데도 그러지 못하는 것은 편견 때문이라 여긴 것이 분명하다. 공자는 염유가 "선생님의 도를 좋아하지 않는 것은 아니지만, 제게는 실천할 능력이 없습니다"라고 핑계를 대는 태도를 꾸짖었다. 맹자 또한 왕도정치(王道政治)가 이러저러한 이유로 불가능하다는 제선왕(齊宣王)의 변명들을 비판했다. 능력이 없어서가 아니라 실행하고 싶지 않은 것이 문제라고 했다. 만일 사람들이 현자에게 배울 마음만 있다면, 맹자가 말한 것처럼 "누구나 요순(堯舜)이 될 수 있고" 순자(荀子)가 말한 것처

럼 "길에서 마주치는 이가 모두 대우(大禹)가 될 수 있다." 배우려는 뜻
만 있다면 조금씩 성현에 가까워지지만, 배우지 않는다면 영원히 필부
로 남을 것이다.

여기서 유념할 사항이 있다. 공자는 결코 모든 이에게 궁극적으로
성인이 되기를 요구하지 않았다는 것이다. 또 모든 이가 같은 길을 갈
수 있다고 보지도 않았다. 성인이 되는 길은 모든 이에게 평등하게 열
려 있지만 공자는 결코 사람들에게 그 길을 가도록 강권하지 않았다.
대신 그는 《논어》「태백편」에서 이렇게 말했다. "백성은 다스릴 수 있
어도 통치 원리를 일일이 일러줄 수는 없다." 이른바 '격물(格物), 치지
(致知), 정심(正心), 성의(誠意), 수신(修身), 제가(齊家), 치국(治國), 평천
하(平天下)'라는 덕목은 서인(庶人)부터 천자까지 모든 이가 행할 수 있
다. 단지 처음부터 아예 그 길을 가지 않으려는 사람과 가다가 그만두
는 사람, 그리고 마지막까지 가는 사람이 있을 뿐이다.

만일 '견현사제(見賢思齊, 현명한 이를 보면 가지런함을 생각한다)'를 사람
들에게 강제한다면, 누군가를 모범으로 삼는 능력을 강조할 수밖에 없
다. 그러나 '견현사제'가 단순히 누군가를 롤모델 삼으라는 수준에 머
무른다면 사람들에게 족쇄만 될 뿐, 결국 사라질 교훈으로 전락할 것
이다. 이런 식의 강제는 노자의 '무위(無爲)'개념, 공자의 '중용(中庸)'의
원칙과도 어긋난다.

고사성어 '동시효빈(東施效顰)'도 함께 생각해보자. '동시가 서시의
눈썹 찌푸림을 본받는다'는 의미로 이 고사의 배경은 《장자》「천운편」
에 보인다. "옛날 서시(西施)라는 미인이 속병이 있어서 눈썹을 찌푸리
며 아픔을 참았는데, 같은 마을에 사는 추녀 동시가 그것을 보고 아름

답다 여겨, 돌아와서는 서시를 흉내내 가슴을 부여잡고 눈썹을 찌푸리며 돌아다녔다. 그 꼬락서니를 본 부자는 문을 닫아걸고 밖으로 나가지 않았고 가난한 자는 처자와 함께 달아나버렸다." 추한 외모를 가진 여자가 미인이 병에 걸려 골골거리는 모습만 따라하니, 빈자든 부자든 모두 놀라 감히 똑바로 바라보지 못할 정도였다는 말이다. 이 고사를 통해 장자는 사람은 자기 분수를 알아야 한다는 점과 다른 사람을 모방할 때는 일정한 조건이 있어야 한다는 점을 시사했다. 장자가 상대적으로 선천적 조건을 강조했다면, 공자는 교화의 후천적 노력을 강조했다.

'견현사제'와 '동시효빈'은 사람들의 입에 오르내리면서 다른 사람을 평가하는 관용적 표현이 되었다. '동시효빈'은 다른 사람을 공격할 때 자주 인용되었고 '견현사제'는 스스로 자신을 다잡을 때 지표로 사용되었다.

대체로 다른 사람을 잘 알고 본받는 사람은 자신에 대해서도 잘 알고 단점을 극복해낸다. 공자 역시 제자 자하의 질문에 대답하며 자신도 여러 가지 미흡한 점이 있음을 인정했다. 믿음으로는 안회에 미치지 못하고 영민함은 자공에 미치지 못하며, 용감함은 자로에 미치지 못하고 엄숙함은 자장에 미치지 못한다는 것이었다. 하지만 이 답변은 공자가 이미 타인의 장점과 자신의 장점을 모두 파악했음을 말해준다. 이런 품성 덕분에 결국 그는 훌륭한 스승이 될 수 있었다.

자기를 알고 세상을 알며, 자신이 할 수 있는 일을 하는 것이야말로 최선의 행동이다. 다른 사람의 지식이 얼마나 많은지, 교양이 있는지, 도덕적인지, 꿈이 있는지 따위를 생각할 필요가 없다. 자신은 어떤 특성을 가지고 있는지, 그중 실행하기에 가장 좋으면서 적합한 것이 무엇인지를 깊이 생각하고 살피면 된다. 그런 후에 그것을 더욱 발전시켜 다른 사람들이 당신을 '견현사제'의 모델로 삼도록 해야 한다.

사람을 키우고 싶은가? 장점을 먼저 보게

"군자는 사람의 아름다움을 이루어주고, 사람의 나쁨을 이루어주지
않는다."

君子成人之美 不成人之惡
군 자 성 인 지 미　불 성 인 지 악
─《논어》「안연편」

           ❦ "군자는 사람의 아름다움을 이루어주
고, 사람의 나쁨을 이루어주지 않는다." 공자가 남긴 말 중에서도 특
히 유명한 말이다. 풀어 말하면, 군자는 다른 사람의 좋은 면은 더 완
전해질 수 있도록 도와주고, 부족한 면은 북돋워주지 않는다는 말이
다. 그러나 소인은 이와 반대로 행동한다. 주희는 주석에서 이렇게 말
했다. "성(成)이라는 것은 유도하여 돕고 장려하고 권하여 그 일이 이
루어지게 하는 것이다." 그리고 《대대례(大戴禮)》「증자입사(曾子立事)
편」에서는 이렇게 설명했다. "군자는 자신이 착하므로 타인의 착함을
즐거워한다. 또한 자신이 할 수 있는 것을 타인도 할 수 있음을 즐거워
한다." 모두 공자가 말한 의미와 비슷하다.

다른 사람의 좋은 면을 키워주는 것은 확실히 고상한 품성이다. 그러려면 마음이 넓어야 하고 다른 이를 돕는 것이 즐거워야 한다. 이해득실만을 따지고 일체를 자신에게 얼마나 유리한 것인지에 맞춰 계산하는 사람이라면 다른 사람의 좋은 면을 키워주기는커녕 다른 사람을 질투하고 공격하고 괴롭히고 밀어낸다. 심지어는 방해를 하거나 해칠 수도 있다.

안회는 학문을 좋아했을 뿐 아니라 품성도 훌륭하여 공자가 자랑스러워했다. 하루는 안회가 시내에 나가 일을 보는데 어느 포목점 앞에 사람들이 바글바글했다. 앞으로 나서서 사정을 물어보니 천을 사려는 사람과 천을 파는 사람 사이에 다툼이 일어난 것이었다.

천을 산 이가 큰 소리로 외쳤다. "셋에 여덟을 곱하면 스물셋이 되어야 하는데, 당신은 어째서 스물네 냥을 달라고 하는 거요?"

안회는 천을 산 사람에게 다가가 설득을 하려 했다. "이보시오, 셋에 여덟을 곱하면 스물넷입니다. 어떻게 스물셋이 될 수 있겠습니까? 당신이 잘못 계산했습니다. 소란 피우지 마시지요."

그러나 천을 산 사람은 승복하지 않고 안회에게 삿대질을 하며 말했다. "누가 당신더러 끼어들어 따지라고 했소? 당신 나이가 얼마나 되오? 이치를 따지려면 공자 선생 정도는 되어야지. 맞고 틀리고는 공자 선생 정도나 되어야 헤아릴 수 있으니까. 자, 같이 그 선생한테 가서 따져봅시다."

안회가 말했다. "좋습니다. 만일 공자 선생님이 당신이 틀렸다고 하면 어떻게 할 겁니까?" 천을 산 사람이 말했다. "내가 틀렸다고 하면 내 머리를 바치겠소. 만일 당신이 틀렸다면?" 안회가 대답했다.

"제가 틀렸다면 제 관(冠)을 드리지요."

두 사람은 내기를 걸고 나서 공자를 찾아갔다. 공자는 상황을 자세히 물어보고는 웃으면서 안회에게 말했다. "셋에 여덟을 곱하면 스물셋이지! 안회야, 네가 졌다. 관을 가져와 저 사람에게 주거라!"

안회는 한 번도 스승과 말다툼을 한 적이 없었다. 그는 공자의 판결이 틀렸다고 생각했지만 고분고분하게 관모를 벗어서 천을 산 사람에게 내주었다. 그 사람은 관모를 받아들고는 의기양양해서 나갔다.

안회는 겉으로는 공자의 판결에 따랐지만 마음속으로는 납득할 수 없었다. 그는 스승이 노망이 난 것으로 생각하고 그 밑에서 공부할 수 없겠다고 생각했다. 다음날 안회는 집안에 일이 있다는 핑계를 대고 휴학하여 돌아가겠다고 청했다. 공자는 안회의 생각을 알아차렸지만 티를 내지 않고 고개를 끄덕이며 학업을 중단하는 것을 허락했다. 출발할 때가 되어 안회는 공자에게 작별인사를 하러 갔다. 공자는 그에게 볼일을 마쳤으면 돌아가도 좋다고 하면서, 두 가지를 당부했다. "천 년 묵은 고목 부근에는 몸을 두지 말고, 사람을 죽이고 싶은 상황이 오거든 확실치 않은 것을 행동으로 옮기지 말아라." 안회는 "명심하겠습니다"라고 대답하고 일어나 집으로 향했다.

가는 길에 갑자기 바람이 심하게 불고 구름이 끼면서 벼락과 번개가 치기 시작했다. 곧 큰비가 내릴 것 같았다. 마침 길가에 큰 나무가 한 그루 있었다. 그래서 안회는 그 나무의 줄기에 난 구멍 속으로 들어가 비를 피하려고 했다. 그런데 갑자기 공자가 "천 년 묵은 고목 부근에는 몸을 두지 말아라"라고 말한 것이 생각났다. 안회는 그래도 스승과 제자 사이였으니 그 말을 따르자고 생각하여 나무 구멍에서 나왔다.

나무에서 멀어진 지 얼마 지나지 않아 번개가 치더니 그 고목에 직격했다. 나무가 박살난 것을 보고 안회는 크게 놀랐다. '선생님의 첫째 당부가 들어맞았구나! 설마 내가 살인을 저지르는 상황이 벌어지지는 않겠지?'

안회가 집에 도달했을 때는 이미 깊은 밤이었다. 그는 식구들이 놀라 깨지 않도록 늘 몸에 지니고 다니던 보검을 끌러 아내의 방 문간에 내려놓았다. 안회가 침대 앞에 다가갔을 때였다. 이게 웬일인가. 남쪽에도 한 사람이 자고 있고, 북쪽에도 한 사람이 자고 있는 것이 아닌가! 그는 분노가 치밀었다. 검을 들어 막 내려치려는 찰나 공자의 또다른 당부가 생각났다. "사람을 죽이고 싶은 상황이 오거든 확실치 않은 것을 행동으로 옮기지 말아라."

불을 밝히고 살펴보니 침대 위에서 자고 있는 사람은 그의 아내와 처제였다. 날이 밝은 뒤 안회는 다시 공자에게 돌아갔다. 그는 공자를 만나자 무릎을 꿇고 말했다.

"선생님께서 말씀해주신 두 가지 당부가 저와 제 아내와 처제, 이렇게 세 사람을 살렸습니다! 선생님은 어떻게 무슨 일이 일어날지 미리 아셨습니까?"

공자는 안회를 부축해 일으키며 말했다.

"어제는 날씨가 건조하고 더워서, 아마도 천둥번개를 동반한 비가 내릴 것이라고 생각했다. 그래서 네게 '천 년 묵은 고목 부근에 몸을 두지 말아라'라고 한 것이다. 그리고 네가 화가 난 채로 나가는데 보검을 차고 있는 것을 보았다. 그래서 경계하는 의미로 '사람을 죽이고 싶은 상황이 오거든 확실치 않은 것을 행동으로 옮기지 말아라'라고 한 것이다." 안회는 절을 하며 말했다. "선생님의 헤아림은 참으로 신통합니다. 저는 정말 경탄했습니다!"

공자는 다시 안회를 일깨워주었다. "나는 네가 집에 일이 있어서 공부를 쉬겠다는 말이 핑계였음을 알고 있다. 실제로는 내가 노망이 났다고 여기고 더는 내게 배울 것이 없다고 생각해서였지. 하지만 한 번 깊이 생각해보아라. 내가 셋에 여덟을 곱한 것이 스물셋이 맞다고 해서 네가 졌지만, 넌 그저 관모 하나를 잃었을 뿐이다. 하지만 만약 셋에 여덟을 곱한 것이 스물넷이 맞다고 해서 그 사람이 졌다면, 목숨을 내놓아야 하지 않겠느냐! 네 관모와 사람의 목숨 중에 어떤 것이 더 중요하다고 생각하느냐?"

안회는 순간 크게 깨달았다. 그는 공자의 앞에 철퍼덕 엎드려 말했다. "선생님의 큰 뜻을 가볍게 생각한 것은 제 실수였습니다. 제자는 또한 선생님께서 연로하여 판단력이 흐려지신 것으로 생각했습니다. 한없이 부끄럽습니다!"

이 이후로 안회는 공자가 어디를 가든 그의 곁을 떠나지 않았다.

공자는 몸소 자신이 말한 '성인지미(成人之美)'의 이상을 실천했다. 사람의 아름다움을 이루어준 결과, 안회가 진심으로 자신을 따르게 만들 수 있었다. 그러나 오늘날 우리는 '성인지미'를 추구하는 군자들이 아니라 다른 사람을 방해하는 일에 매달려 자기 마음만 편해지려는 소인배가 된 것만 같다.

물론 남을 돌보이려고 더 많은 시간을 쓸 정도로 자신을 희생하지는 않아도 된다. 남을 위해 자신을 희생한다는 것은 작위적으로 보일 뿐만 아니라 소박한 경지와도 거리가 멀다. 결국 '원망을 품지 않고 너그러이 용서하는' 경지란 현실을 모르는 헛소리일 뿐이다. 조건 없는 희생이란 공허한 말이다. 스스로 인식하지 못할 뿐, 사람의 행동에는 뭔가 '목적'이 내재해 있다. 다만 자신이 손해보지 않는 선에서 있어도 되고 없어도 되는 것들, 즉 여분의 것을 간절히 필요로 하는 사람에게 '베풀어주기를' 희망한다. 아마도 이것이야말로 '성인지미' 본연의 의미가 아니겠는가?

　　다른 이의 장점을 키워주는 것이 군자다움의 본질이라면 즐거이 따라하지 못할 것이 있겠는가? 실의에 빠져 있는 사람에게 따뜻한 말 한마디를 건네거나 막 넘어지려는 사람을 가볍게 부축해주는 호의를 아끼지 말라. 때때로 자신을 위해 인정(人情)의 채권을 든든히 쌓아두라. 이는 예측할 수 없는 경우를 대비하여 저축하는 습관을 기르는 것과 같다.

출세한들 그것이 효인 줄 아는가

"부모 앞에서 온화한 얼굴과 즐거운 태도를 유지하는 것이 가장 어려우면서도 귀한 효행이다. 일이 있을 때 어른 대신 노고를 처리하고, 술과 음식이 있을 때 어른 먼저 잡수시게 하는 것 정도를 어찌 효라 할 수 있겠느냐?"

色難有事 弟子服其勞 有酒食先生饌 曾是以爲孝乎
색 난 유 사 제 자 복 기 로 유 주 식 선 생 찬 증 시 이 위 효 호

─《논어》「위정편」

    ✿ 언젠가 자하가 공자에게 무엇이 효인지를 물었다. 공자는 이렇게 대답했다. "부모 앞에서 온화한 얼굴과 즐거운 태도를 유지하는 것이 가장 어려우면서도 귀한 효행이다. 일이 있을 때 어른 대신 노고를 처리하고, 술과 음식이 있을 때 어른 먼저 잡수시게 하는 것 정도를 어찌 효라 할 수 있겠느냐?"

효심과 효행은 사실 크게 다르지 않다. 《예기(禮記)》「제의(祭儀)편」에서는 이렇게 말한다. "부모를 깊이 사랑하는 효자는 반드시 온화한 기운이 있고, 온화한 기운이 있는 이는 반드시 기쁜 낯빛을 하게 되고,

기쁜 낯빛을 하는 이는 반드시 부드러운 용모를 갖춘다."

공자의 답변은 이런 의미다. '아무리 노인을 위해 힘든 일을 대신하거나 맛난 음식을 대접해도, 공경하는 마음이 없거나 태도가 나쁘거나 표정이 험악하면 곧 효도의 근본을 잃은 것이다.'

《제자규(弟子規)》*에서는 이렇게 말한다. "부모가 좋아하는 것은 힘써 구한다. 부모가 허물이 있다면 권하여 바꾼다. 낯빛을 즐겁게 하고 목소리를 부드럽게 하며, 권해도 듣지 않으시면 즐거우실 때를 기다려 다시 권한다. 그래도 통하지 않으면 울면서라도 간절히 말씀드리고 부모가 때리더라도 원망하지 않는다."

우선 "부모가 좋아하는 것은 힘써 구한다"를 살펴보자. 아주 세심한 사람만이 부모가 물심양면으로 자녀를 어떻게 돌보는지 알아차린다. 자신에게 물어보라. 당신은 부모님이 가장 좋아하는 음식이 무엇인지 아는가? 대부분은 한참 생각해야 할 것이다. 그렇다면 반대로 부모님은 당신이 어떤 음식을 좋아하는지 아실까? 깊이 생각할 필요도 없이 바로 대답이 나오리라. "부모님은 제가 어떤 음식을 좋아하는지 구체적으로 일일이 기억하시더군요." 그런데 자식이 부모의 음식 기호를 모르고 있다면, 얼마나 부모에게 불공평하게 대하는 셈인가. 부모에 대한 우리의 관심과 사랑은 턱없이 부족하다.

한나라 때 채순(蔡順)이라는 선비가 있었다. 하루는 오디를 따러 나

---

* 청나라 강희 연간 이육수(李毓秀) 편찬. 원제는 《훈몽문(訓蒙文)》이다. 《논어》「학이편」중 제6조 "弟子入則孝 出則弟 謹而信 汎愛眾 而親仁 行有餘力 則以學文"의 지문 내용을 3자 1구 형식으로 재배열한 짧은 생활지침이다. 대부분 가정 내의 인간관계와 효도에 관한 내용이다.

갔다. 어머니가 오디를 좋아했기 때문이다. 그는 바구니를 두 개 들고 나갔다. 하나는 흑색과 자색이 칠해진 바구니였고 다른 하나는 붉은 색이 칠해진 바구니였다. 오디 중에서 비교적 잘 익은 것은 흑색-자색 바구니에, 아직 덜 여문 것은 붉은색 바구니에 구별해 담기 위해서였 다. 막 집으로 돌아오려는 참에 채순은 길가에서 강도를 만났다. 강도 는 채순이 색이 다른 바구니를 든 것을 보고 궁금해서 그를 잡아놓고 물었다. "당신은 왜 이렇게 양쪽으로 구분해서 오디를 딴 거요?" 채순 이 대답했다. "비교적 잘 익은 것은 맛이 달아서 어머니께 드릴 것이 고, 이쪽 것은 비교적 덜 익어서 내가 먹으려고 합니다." 채순은 '부모 가 좋아하는 것은 힘써 구한다'를 실천한 것이다. 강도는 그 이야기를 듣고 감동해서 채순을 그냥 놓아주었다.

효순(孝順)이란 무조건 부모가 시키는 대로만 하는 어리석은 효가 아니다. 부모의 말이나 해결방법이 적절하지 않다면, 일단 따르되 나 중에 정중히 권해야 하며 부모 앞에서 바로 반기를 들어서는 안 된다. 권고 역시 여러 방면으로 살펴본 뒤에, 권하는 것이 타당한지를 따져 야 한다. 우선 우리 속마음을 살펴봐야 하고, 다음으로 우리 태도를 살 펴봐야 하고, 셋째로 진언하는 방법과 시기를 살펴야 하며, 넷째로 참 을성을 갖춰야 한다. 이른바 "부모가 허물이 있다면 권하여 바꾼다" 는 자세는 효심의 표현이다. 다만 태도는 "낯빛을 즐겁게 하고 목소리 를 부드럽게 한다.""권해도 듣지 않으시면" 즉 말씀드려도 받아들이 지 않을 경우는, "즐거우실 때를 기다려 다시 권한다." 여기서 다시 권 한다는 말은 행동을 거듭하는 번거로움을 마다하지 않고 참는다는 의 미다. '즐거우실 때'란 시기와 방법을 논한 것이다. 언제까지 기다렸다 가 다시 말씀드릴 것인가? 부모의 기분이 비교적 좋아질 때를 기다렸다가 다시 권한다는 말이다.

　만일 이렇게 처신했는데도 여전히 요지부동이시면, 그때는 마지막 방법으로 온몸을 던지는 해결법이 있다. "울면서 간절히 말씀드리는" 방법이다. 당태종 이세민(李世民)이 부친 이연(李淵)을 도와 천하를 평정할 때 한번은 이연이 집요하게 어떤 길로 행군하고자 했다. 그러나 이세민은 그렇게 할 경우 적의 매복을 만나 전군이 궤멸할 수 있음을 예측했다. 여러 차례 말렸지만 이연은 듣지 않았다. 그런데 출발 당일 이연은 장막 밖에서 누군가 목놓아 우는 소리를 듣고 놀라 뛰쳐나갔다. 밖에는 이세민이 땅에 꿇어앉아 엉엉 울고 있었다. 이연은 그것을 보고 감동했다. 이세민은 전력으로 그의 부친을 설득한 것이다. 그제야 이연은 행군 경로를 바꿨다. 새로 택한 길에는 매복이 없었다. 이세민은 이 울음으로 전체 당 왕조의 운명을 바꿔놓았다. 결국 올바른 방법으로 부모님을 권고하고 부모의 뜻에 거스르지 않는 것이 비로소 진정한 의미의 효순이다.

　요컨대 효심은 한때의 특정 사건에 국한되지 않는다. 또한 물질적으로 얼마나 만족스럽게 해드렸는지의 문제도 아니다. 일상생활에서 소소한 관심과 사랑을 실천하는 것이다. 자신의 능력 안에서 부모를 위해 할 수 있는 일을 하는 것이다. 연로한 부모가 건강할 수 있도록, 즐겁도록 최선을 다하면 된다. 이것이 자녀가 할 수 있는 최대의 효심이다. 모든 행동은 진심에서 우러나와야 한다.

사람을 사랑하고 사람을 안다는 건 말이야⋯

번지가 '인'에 대해서 묻자 공자가 말했다. "사람을 사랑하는 것이다." 지혜로움에 대해서 묻자 공자가 말했다. "사람을 아는 것이다."

樊遲問仁 子曰 愛人 問知 子曰 知人
번 지 문 인 자 왈 애 인 문 지 자 왈 지 인

−《논어》「안연편」

🌸 공자의 가르침에서 최고 경지는 '인(仁)'이다. 많은 제자가 여러 차례 인에 관해 질문을 했으나, 공자는 인의 정확한 정의를 내려주지 않았다. 다만 제자들에게 어떻게 행동해야 하는가에 대해 가르쳤을 뿐이다. 오늘날의 말로 바꿔보면, 그는 제자들에게 참되고 착하고 아름답게 살 것을 가르쳤다. 인에 대한 설명의 예는 "강하고 굳세고 질박하고 어눌하면 인에 가깝다"와 같은 식이다. 사람의 기본적 품성은 언젠가는 드러나게 되어 있다. 아무리 머리를 굴려 치장하려 해도 소용없다. 곧 "말솜씨가 교묘하고 낯빛을 잘 꾸미면 어진 이가 드물다"라는 말대로다.

공자가 아끼는 제자 자로는 거친 베로 만든 옷을 입고 다녔다. 하지만 화려한 옷을 입은 귀인들과 함께 있을 때도 전혀 꿀리지 않았고 비굴하지도 않았으며 거만하지도 않았다. 공자는 이 점을 크게 칭찬하면서 자로만이 경지에 도달했다고 평가했다. 겉으로 드러나는 것으로 꾸밀 생각이 없었기 때문이다. 이런 행동은 별것 아닌 듯하지만 대부분의 사람들은 실천하지 못한다. 만일 우리가 쫙 빼입은 양복과 가죽 구두 차림의 부자 앞에서 남루한 의복을 입고 있다면 대부분의 사람이 궁색한 태도를 드러낼 것이다.

인자(仁者)는 자애로운 마음이 가득하고, 사랑이 흘러넘치는 사람이다. 또한 중국의 전통적 미덕에서 핵심 관념인 인애(仁愛)는 사회를 구성하고 조화를 유지하는 중요한 기틀이 되기도 한다. '인'의 정수는 다른 사람을 널리 사랑하는 데 있다. 곧 타인을 감싸안고 개인의 득실을 걱정하지 않는 것이다. 사회에 인의 기풍이 있으면 사람과 사람의 관계는 조화롭게 유지되고 국가는 평화롭고 건강하게 발전한다. 이러한 옛사람의 흔적을 찾아보면 포청천(包靑天), 해서(海瑞), 우성룽(于成龍), 정판교(鄭板橋), 염정(廉政) 등이 있다. 이 인물들은 관직에 있는 동안 백성을 자식처럼 사랑했기에 백성은 항상 그들을 칭송했다. 레이펑(雷鋒), 자오위루(焦裕祿), 쿵판썬(孔繁三), 정페이민(鄭培民)도 옛사람들을 본받아 마음으로 백성을 위한 결과 인민에게 더욱 추앙받았다. 인애의 마음을 간직한 그들은 자신의 이익을 잊었다. 그들은 이런 헌신 속에서 생명과 정신의 질적 승화를 이룩했다.

공자에게는 3천 명의 제자가 있었고 그중 70명은 현인의 경지에 도달했지만, 구체적으로 누가 인자의 경지에 도달했는지는 말한 적이 없다. 일정한 수준에 도달한 사람은 "석 달이나 인에서 벗어나지 않았다"라고 평가받은 안회 정도였을 것이다. 그래서 공자는 "나는 덕을 여색만큼 좋아하는 이를 본 적이 없다"라며 한탄했다. 물질적 욕망은 오랜 세월에 걸쳐 성현들이 한탄하고 끝없이 유감스러워한 대상이었음에도 그 폐해는 오늘날 더욱 심각해졌다. 사람이 인에 도달하기가 어려운 것은, '인'의 개념이 공허해서가 아니라 주색잡기의 욕망을 극복하기가 어렵기 때문이다.

결국 사람이 속물적 존재인 이상 진정으로 인의 경지에 도달하기란 무척 어렵다. 세계에 진정한 의미의 인자가 있는지조차 의심스럽다. 그러나 사람은 항상 인의 마음을 품고 있다. 그래서 "비록 이를 수는 없으나 마음으로 그것(인)을 향해 나아간다"라고 한 것이다. 이것은 곧 "인을 행함은 곧 마음에서 비롯한다"는 말과 관련이 있으며 "내가 인하고자 하면 곧 인에 이른다"는 말과도 통한다.

공자는 세상의 이치에 통달한 인물이었기에 모든 사람에게 어진 이가 되는 경지에 이르도록 요구하는 것은 비현실적임을 알고 있었다. 그래서 차선책으로 사람들에게 지자(智者)가 되도록 가르쳤다. 지자란 사람의 능력을 잘 파악하여 적재적소에 배치할 줄 아는 사람이다. 그러려면 특히 다른 사람의 품성을 잘 파악해야 한다. 공자가 보기에 사람을 잘 아는 것, 곧 품성을 식별하는 것은 지혜로움의 체현이니, 사람을 잘 알고 품성을 식별하는 이는 당연히 지자였다.

그렇다면 공자가 지자에게 요구한 수준은 어느 정도였을까? 얼핏 보기엔 쉬운 듯해도 실제로는 매우 까다로운 수준이었다. 이를 잘 표현한 속담이 있다. "호랑이 가죽은 그려도 호랑이 뼈는 그리기 어렵다. 사람의 얼굴은 알아도 사람의 마음은 알기 어렵다." 다른 사람의 얼굴을 아는 것은 낮은 수준의 요구지만, 다른 사람의 마음을 아는 것은 매우 높은 수준의 요구다.

언젠가 공자가 진나라와 채나라 사이에서 곤경에 처했을 때, 이레 동안이나 음식을 먹지 못한 적이 있었다. 그러던 어느 날 점심 무렵, 그의 제자 안회가 쌀을 약간 구해왔다. 밥이 막 익을 무렵, 공자는 뜻밖에도 안회가 손으로 솥 가운데에서 밥을 퍼내 먹는 것을 보았다. 공자는 짐짓 그것을 보지 못한 척하고, 안회가 밥을 가져와 공자에게 드실 것을 청했을 때 일어나서 말했다. "방금 꿈에서 돌아가신 성현이 나타나 내게 일러주기를, 음식을 먼저 웃어른께 바치고 나서 식사를 할 수 있다고 하셨다. 어떻게 내가 먼저 먹겠느냐?" 그 말을 들은 안회는 서둘러 설명했다. "선생님께서 오해하셨습니다. 재가 날려 솥으로 들어가기에 어쩔 수 없이 더러워진 부분을 걷어내 제가 먹은 것입니다." 공자는 탄식하며 말했다. "사람이 믿을 것은 눈이지만 자기의 눈마저도 믿을 수 없는 경우, 눈보다 더 믿을 만한 것은 마음이다. 그러나 그 마음조차도 믿을 수 없을 때가 있구나. 너희는 사람을 안다는 것이 얼마나 어려운 일인지를 기억해야 한다!"

이 이야기는 눈앞에서 일어나는 상황을 목격해도 그 상황의 본질을 파악하지 못할 수 있음을 알려준다. 즉 진정으로 사람을 식별하는 것은 매우 어려운 일이므로, 자신이 '직접 보았다고' 해도 그것으로 어떤 사람에 대해 쉽게 판단을 내려서는 안 된다.

현대사회에서는 사람들이 아주 바쁘게 움직인다. 개개인은 이리저리 몰려다니느라 지쳐 있다. 요즘 사람들 사이에는 일종의 장막 같은 것이 한 겹 존재하는 것 같다. 그래서 어떤 세상일보다 사람과 관련된 일이 가장 어렵다. 그래서 "이해 만세!"*를 목청 높여 외치는 목소리에도 불구하고 아직도 사람은 쉽게 이해되지 않는 존재다. 이런 상황에서 진정으로 '사람을 알아볼' 수 있는 이가 얼마나 될 것인가?

물론 다른 이를 안다는 것이 쉽지는 않지만 완전히 불가능하지는 않다. 사실에 근거한 사고력을 기르고 세심하게 관찰·분석·비교하고 역사와 타인의 행실을 거울로 삼으면서 겉으로 드러난 현상에 미혹되지 않는다면, 오류를 범하지 않고 사람을 제대로 이해할 수 있을 것이다. 그러면 지극히 지혜롭고 높은 경지에 도달할 수 있다.

자신을 아는 것은 다른 사람을 아는 것보다 훨씬 어렵다. 그러나 안갯속을 헤매는 듯한 혼탁한 세상에서도 사물의 겉모습에 현혹되지 않겠다고 다짐하며 조심하면 된다. 반짝인다고 모두 금은 아닌 것처럼 차갑고 딱딱한 것이 모두 돌은 아니다. 웃는 이가 모두 행복한 것은 아니며, 눈물을 흘리는 이가 모두 괴로워하는 것은 아니다. 한때 찬양을 받았던 인물이라고 모두 군자는 아니다. 많은 사람의 비방을 받는 인물이 반드시 소인은 아니다. 앞에서 하는 말이 모두 진심은 아니다.

---

* 1980년대 초 베이징 대학에서 시작하여 널리 퍼진 구호. 서로 이해하고 존중하자는 운동의 상징적 슬로건이다.

군자란, 요즘말로 '제너럴리스트'지

"군자는 그릇이 아니다."

君子不器
군 자 불 기
―《논어》「위정편」

🌺 "군자는 그릇이 아니다." 공자의 이 말은 글자 자체의 의미로만 본다면 우스꽝스러운 표현이다. 군자는 물건이 아니라는 의미이기 때문이다. 그러나 뒤집어 생각해보면, 이것은 맞는 말이다. 군자를 포함한 모든 사람은 '물건'으로 정의될 수 없기 때문이다. 이 말의 진정한 의미는 '군자는 그릇과 같은 틀에 규정되어서는 안 된다'는 것이다.

그릇은 각각의 쓰임새가 있다. 세상의 수많은 물건이 서로 다른 그릇 속에 담긴다. 프랑스산 와인을 예로 들어보자. 보르도 와인을 마시는 글라스는 전형적인 튤립 모양으로 잔대도 높은 편이다. 와인 향을 최대한 오래 보존하기 위한 형태다. 반면 부르고뉴 와인을 마시는 글라스는 보르도 글라스보다 몸통 부분이 더 뚱뚱하고 입술이 닿는 립 입구로 갈수록 좁아진다. 이는 프랑스 부르고뉴 지방에서 생산된 종류의 와인이 지닌 진한 향기를 퍼뜨리기에 유리하다. 즉 그릇은 일종의 고정된 형태를 대표한다. 그렇기에 만일 사람이 그릇과 같이 현상에 안주하면서 자신을 정형화할 경우, 변화에 둔감한 사람, 시대에 뒤쳐진 사람이 될 것이다. 하지만 공자가 이야기한 군자란, 학문을 하든 정치를 하든 박학하고 다방면에 재능이 있는 사람을 가리킨다. 이런 사람이 되려면 어떤 분야에도 적응할 수 있도록 스스로 노력해야 한다. 오늘날의 용어로 이야기하면, 다재다능한 개척형 인재가 되어야 한다.

역사적으로 뛰어난 정치가, 성공한 정치가는 곧 뛰어난 배우였다. 닮고자 하는 대상은 무엇이든 연기할 수 있었다. 황제를 연기할 때는 위풍당당하고 안하무인으로 행동했고 소박한 인물을 연기할 때는 정직하고 착실하게 살면서 타인과 어울리며 살아갔다. 따라서 '군자불기'의 공부는 곧 팔방미인의 학문이었다.

한편 '군자불기'를 《논어》 「위정편」의 맥락에서 해석하면, 정치적 비유로 볼 수도 있다. 한 길만 파는 전문가가 되지 말고 다방면의 지식을 모두 받아들이고 담는 인재가 되라는 것이다. 정치가는 나라를 다스리는 무거운 책임을 담당한 이상, 갖춰야 하는 지식도 포괄적이어야 한다. 즉 잡학박사가 되어야 한다. 다양한 사물의 근본적 속성을 파악하고 그것을 다른 방면에 적용하여, 핵심을 찌르면서도 넓은 분야를 아우를 줄 알아야 한다.

요임금의 시대에는 순(舜)을 사도(司徒)로, 설(契)을 사마(司馬)로, 우를 사공(司空)으로 삼았다. 또한 후직(后稷)에게는 농업을, 비(費)에게는 예악을, 수(垂)에게는 토목공사와 기물관리를, 백이에게는 제사를, 고요(皐陶)에게는 재판을, 익(益)에게는 전쟁에 사용하는 야수의 훈련을 도맡게 했다. 이렇게 구체적으로 업무를 분담한 뒤 요 자신은 아무 일도 하지 않았다. 그러나 아홉 사람은 마음을 다해 자발적으로 요임금 대신 일을 처리했다. 이는 요임금이 이 아홉 사람이 각자 어떤 재능이 있는지, 그에 맞는 일이 무엇인지 알고 있었기에 가능했다. 결국 요는 다른 이의 재능을 정확하게 평가하고 적절히 사용함으로써 그들 각자가 큰일을 이루도록 했다. 그리고 지도자가 된 요는 그들의 업적에 힘입어 천하를 통치할 수 있었다.

앞의 다른 장에서 논의한 한고조 유방의 사례는 '군자불기'의 예로도 훌륭하다.

"짐은 대저 장막 안에서 작전계획을 짤 때 천 리 밖의 승부를 결정짓는 것은 자방만 못하고, 나라를 안정시키고 백성을 달래며 양식이 끊기지 않게 공급하는 것은 소하만 못하며, 백만대군을 이끌고 싸워 반드시 이기고 공격하면 반드시 점령하는 것은 한신만 못하오. 이 세 사람이 모두 호걸인데, 짐이 그들을 잘 등용한 것이야말로 짐이 천하를 취하게 된 까닭이오."

많은 사람이 유방을 싫어한다. 동네 깡패 출신에 일처리가 비열하고 옹졸하며, 목적을 달성한 후에는 가차없이 제거하는 식으로 공신을 대부분 죽였기 때문이다. 그러나 유방은 '일정한 틀이 없는' 인간의 전형이었다. 거사하기 전에는 재물을 좋아하고 색을 탐하는 인간이었지만, 함양(咸陽)을 공격해 점령한 후에는 진나라의 창고를 봉하고 재물을 조금도 취하지 않았다. 50만 대군을 거느리고도 항우의 3만 군에 참패하더니 황제가 된 뒤에는 연속으로 진희(陳豨)와 경포(鯨布)의 반란을 진압하기도 했다. 또한 그는 아버지의 면전에서 항우와 토론(실제로는 정치적 궤변에 불과했다)하다가 상대가 자기 아버지를 삶아 죽이겠다고 협박하는 상황에서 **뻔뻔하게도 자기한테도 한 그릇 나눠달라는** 말을 내뱉었다. 그런가 하면 나중에는 감정이 북받쳐 이런 노래를 지었다.

큰 바람이 일어나니 구름이 일고,
위세가 온 세상에 떨치니 고향에 돌아왔구나.
어떻게 하면 날랜 용사를 얻어 천하를 지킬까.

노래 가사를 보면 천하를 누비는 호걸의 정서가 가득하다. 이런 점들로 볼 때 유방은 '그릇'의 한계를 넘었다. 간단히 한두 마디로 정의할 수 있는 정형적 인간이 아니었다. 음험한 인물도 아니지만 그렇다고 충신열사나 전형적 악당도 아니었다. 그의 내면은 매우 복잡하고 다양했다. 그 덕분에 유방은 단순한 성격의 항우를 이기고 천하를 손에 넣었던 것이다.

포괄형 인재(generalist)와 전문형 인재(specialist)는 여러 가지 차이점이 있다. 그중 몇 가지 큰 차이점을 꼽아보면, 먼저 전문형 인재는 한 가지 방식으로 점진적으로 길러낼 수 있고 배출 과정 역시 잘 통제할 수 있다. 예를 들면 엔지니어는 초급, 중급, 고급 등의 단계별 수준에 맞게 훈련 프로그램과 투입 시간 등을 조정해야 한다. 반면 포괄형 인재는 은연중에 완성된다. 특정 프로그램을 이수한다고 되는 것이 아니다. 어느 정도의 교육은 필요하지만, 자신이 직접 경험을 쌓으면서 터득해야 한다. 또한 전문형 인재가 한 가지 특수한 문제를 해결하는 역할을 맡는다면, 포괄형 인재는 그런 부류의 사람을 조직하거나 서로 다른 영역의 전문형 인재들을 소통시키는 역할을 맡아야 한다. 그리고 전문형 인재가 사회의 정상적 발전을 위한 기초와 동력이 된다면, 포괄형 인재는 전문형 인재가 자유롭게 자기 실력을 발휘하도록 지원한다.

공자는 군자란 반드시 포괄형 인재가 되어야 한다는 것을 일찍이 간파했다. 한 무리의 포괄형 인재가 중심에 서야 비로소 사회의 정상적 발전과 조화를 기대할 수 있다.

이 사람아, 타고난 능력을 탓하지 말게

"사람 중에는 오직 자신의 천성에만 의존하며 태어날 때부터 갖추고 있던 이성으로 일체 사물의 원인을 파악하는 이들이 있다. 가장 우수한 인간이며 이른바 천재다. 다음으로 자신의 후천적 노력으로 공부하여 일체 사물의 원인을 파악하는 이들이 있다. 약간 부족한 이들이며, 이른바 노력가다. 그 다음으로 일체 사물의 존재 원인을 밝혀내는 데 어려움을 느끼지만, 그 어려움을 자극의 동기로 삼아 공부함으로써 이해하는 이들이 있다. 좀더 부족한 이들이다. 다음으로 일체 사물의 존재 원인을 이해하는 데 어려움을 느끼면서도 공부를 통해 밝혀보겠다는 생각을 하지 않는 이들이 있다. 최하급이다."

生而知之者 上也 學而知之者 次也 困而知之又其次也 困而
생 이 지 지 자 상 야 학 이 지 지 자 차 야 곤 이 학 지 우 기 차 야 곤 이

不學 民斯爲下矣
불 학 민 사 위 하 의

—《논어》「계씨편」

🌺 공자는 이미 2천여 년 전에 천재의 특성에 관해 언급했다. "사람 중에는 오직 자신의 천성에만 의존하며 태어날 때부터 갖추고 있던 이성으로 일체 사물의 원인을 파악하는 이들이 있다. 가장 우수한 인간이며 이른바 천재다. 다음으로 자신의 후천적 노력으로 공부하여 일체 사물의 원인을 파악하는 이들이 있다. 약간 부족한 이들이며, 이른바 노력가다. 그 다음으로 일체 사물의 존재 원인을 밝혀내는 데 어려움을 느끼지만, 그 어려움을 자극의 동기로 삼아 공부함으로써 이해하는 이들이 있다. 좀더 부족한 이들이다. 다음으로 일체 사물의 존재 원인을 이해하는 데 어려움을 느끼면서도 공부를 통해 밝혀보겠다는 생각을 하지 않는 이들이 있다. 최하급이다."

천재와 노력가와 게으름뱅이는 서로 멀리 있지 않다. 이들 개념 사이에 꼭 경계를 두어 구분하지 않아도 된다. 사실 천재라고 해서 완전히 타고난 재주에만 의존하지는 않는다. 상당수의 천재가 스스로 부지런히 노력해서 자신의 능력을 키워나간다. 사회 속에서 실천하지 않으면 총명한 사람이라도 멍청해진다. 반면 용감하게 실천하고 대담하게 탐색하며 부지런히 사고하면, '멍청이'도 총명해진다.

사람마다 다른 학습 능력을 고려해야 하지만, 타고난 자질이 총명하든 소질이 부족하든 그것은 그리 큰 문제가 아니다. 타고난 자질이 부족한 사람도 부지런히 반복 훈련을 통해 차이를 줄일 수 있다. 또한 소양이 부족한 사람도 힘껏 노력하면 마찬가지로 총명해지고 성과를 올릴 수 있다.

후천적 노력을 통해 늦게나마 크게 성공한 사례는 수없이 많다. 화뤄겅(華羅庚)*은 수학시험에 낙제한 적도 있고, 북송시대의 대문장가이

자 서예가인 소식(蘇軾)은 만년에 이르러서야 우수한 작품들을 썼다. 그러나 그들은 모두 인류를 위해 큰 공헌을 했다. 에디슨은 정식 교육이라 할 만한 것을 받아보지 못했다. 평생 3개월 정도 학교에 다닌 것이 전부였다. 그가 선택한 길은 어렵고 힘들었지만, 그는 끝내 과학 분야에서 광휘의 정점에 이르렀다. 그의 일생에는 떠돌아다니며 굶주린 세월도 있었고 뜻밖의 재난으로 피해를 본 적도 있었다. 헤아릴 수 없이 많은 실패가 그를 괴롭혔다. 그러나 에디슨은 그런 어려움을 극복하면서 한 발짝 한 발짝 앞으로 밀고나갔다. 그는 평생 2천여 종을 발명했는데 그중 어느 것도 각고의 공부와 연구의 성과가 아닌 것이 없었다. 또한 마음을 비우고 다른 사람의 경험을 배우며 끊임없이 구체적 실험을 반복하는 사이 그는 더욱 총명하고 지혜로워졌다. 그래서 고대 로마의 작가 대(大) 카토(Cato)는 이렇게 말했다. "학문이란 쓴 뿌리에서 자라난 달콤한 열매다." 러시아 작곡가 차이코프스키도 이렇게 말했다. "영감이란 게으름뱅이를 방문하는 것을 싫어하는 손님이다."

천재란 부지런함과 꾸준한 노력에서 나온다. 옛사람도 이렇게 말했다. "다른 사람이 하나에 하면 나는 백에 하리라. 다른 사람이 열에 하면, 나는 천에 해내리라. 만일 이렇게 실천할 수 있다면, 비록 어리석어도 밝아지고 비록 약해도 강해지리라." 풀어 옮기면 이런 의미다. '다른 사람이 한 번에 해내는 일을, 자신은 백 번은 해야 하더라도 시도한다. 다른 사람이 열 번에 해내는 일인데, 자신은 천 번을 해야 하더

---

* 1910~1985. 장쑤 성 출신의 수학자. 15세 때부터 다른 학업을 중단하고 수학을 독학하여 몇 년 후에는 칭화 대학 사서로 일하다가 수학과 교수가 되었다.

라도 시도한다. 만일 이런 마음가짐으로 행한다면 아무리 멍청하더라
도 총명해질 것이며, 본래 유약했더라도 크고 강하게 변화할 것이다.'

아는 만큼 보이는 법이지

"이것은 주택의 담벼락과 같습니다. 제 담은 어깨 높이까지밖에 오지 않아 사람들이 모두 방 안의 아름다움을 들여다볼 수 있지요. 하지만 선생님의 담은 높이가 수 길에 달하므로 사람들은 들어가는 문을 찾지 못하고 밖에서만 살피니 종묘의 아름다움과 각 구역의 풍부하고 다채로운 모습을 볼 수 없습니다. 들어가는 문을 찾을 수 있는 이는 아주 적을 겁니다. 숙손무숙이 제 스승님에 관해 한 말은 이런 이치가 아닐까요?"

譬之宮牆 賜之牆也及肩 窺見室家之好 夫子之牆數仞 不得其
비 지 궁 장　사 지 장 야 급 견　규 견 실 가 지 호　부 자 지 장 수 인　부 득 기
門而入 不見宗廟之美 百官之富
문 이 입　불 견 종 묘 지 미　백 관 지 부
—《논어》「자장편」

🌿 입문하지 않은 사람을 '문외한'이라 부른다. 즉 아직 밖에서 논다는 의미다. 그는 문 안에서 일어나는 상황을 볼 수 없으므로 안에 진귀한 것들이 있다는 것을 모른다. 언뜻 생각하면 어떤 집을 밖에서 봐도 바로 구조를 알 수 있을 것 같지만, 일단 들

어가봐야 내부 구조의 복잡성을 알 수 있고 정자와 누각의 유무, 방의 위치와 거실의 크기 등을 알 수 있다. 그래서 문턱을 넘어 깊이 들어가면 들어갈수록, 자신이 원래 알고 있던 것이 얼마나 얕았는지를 깨닫는다.

언젠가 숙손무숙(叔孫武叔)이 노나라 조정에서 사람들에게 말했다. "내가 보기에 자공의 지혜는 공자에 비길 만합니다. 어쩌면 그보다 더 뛰어날지도 모르지요." 자복경백(子服景伯)은 이 말을 자공에게 전해주었다. 그러자 자공은 이렇게 말했다.

"이것은 주택의 담벼락과 같습니다. 제 담은 어깨 높이까지밖에 오지 않아 사람들이 모두 방 안의 아름다움을 들여다볼 수 있지요. 하지만 스승님의 담은 높이가 수 길에 달하므로 사람들은 들어가는 문을 찾지 못하고 밖에서만 살피니 종묘의 아름다움과 각 구역의 풍부하고 다채로운 모습을 볼 수 없습니다. 들어가는 문을 찾을 수 있는 이는 아주 적을 겁니다. 숙손무숙이 제 스승님에 관해 한 말은 이런 이치가 아닐까요?"

이것이 자공이 말한 "얕은 자는 얕게 보고 깊은 자는 깊게 본다"의 의미다. 흔한 집은 문 안을 들어가보지 않아도 된다. 그저 밖에서 목을 길게 뽑아 엿보기만 해도 내부의 일체를 한눈에 볼 수 있다. 그러나 사람들이 공자를 알고자 할 때는 아마도 문 자체를 찾지 못할 것이고, 문에 들어서지 못해 그 내부의 깊이도 알 수 없을 것이다. 그래서 그들은 그 안에 뭔가 특별한 것은 없다고 여긴다.

이 표현을 일의 관점에서 해석하면, '자신이 하는 일, 맡은 일은 누구보다 정통해야 한다'는 의미이다. 만일 당신이 어떤 분야의 전문가가 되지 않은 상태라면 절대로 분수를 넘어 말하거나 함부로 비평하지 말라. 그러지 않으면 여러 사람에게 웃음거리가 되고 자신의 무지를 드러내는 것을 면하기 어렵다.

　자공은 공자의 제자 중에서도 극히 총명한 인물이고 외교에 뛰어난 인물이었다. 그뿐 아니라 성공한 상인으로서 크게 명성을 얻은 인물이었다. 그래서 보통 사람들은 자공을 공자보다 훌륭하게 보았다. 사실 학문의 넓이와 사상의 깊이, 인격의 위대함 등 여러 방면에서 볼 때 공자는 확실히 보통 사람보다 한참 위에 있으며, 자공보다도 한참 위에 있었다. 그러나 자공이 말한 것처럼 보통 사람들이 인물을 평가할 때는 그저 겉모습만을 본다. 인격과 사상과 학문 등 내재적인 요소는 보통 사람들이 결코 쉽게 이해할 수 없는 것이다. 그러므로 사람들이 멋을 알고 호방하며 부유한 자공을 내실이 깊은 공자보다 높이 평가했던 것은, 충분히 이해할 만한 일이다.

아들이 아버지를 고소하는 게 어찌 '정의'겠는가

"저희 고장에서 말하는 정직의 도리는 이곳에서 말하는 정직의 도
리와는 다릅니다. 아버지는 아들을 숨겨주고 아들은 아버지를 숨겨
주지요. 정직의 도리는 이렇게 행해지는 것입니다."

吾黨之直者異於是 父爲子隱 子爲父隱 直在其中矣
오 당 지 직 자 이 어 시 부 위 자 은 자 위 부 은 직 재 기 중 의

―《논어》「자로편」

      🌸 엽공(葉公)은 용(龍)과 관련된 물건을
아주 좋아했다고 한다. 장식품과 기둥, 문과 창은 물론이고 그릇과 옷
에 이르기까지 모두 용 무늬로 장식했으며, 저택의 한쪽 벽에도 엄청
나게 큰 용을 그려놓았다. 엽공의 집에 들어온 사람들은 마치 용의 궁
전에 있는 것 같은 착각에 빠질 정도였다. 엽공은 사람들에게 자랑스
럽게 말했다. "내가 가장 좋아하는 게 바로 용이라오!"

    소문은 널리 퍼져 하늘에 사는 진짜 용까지도 엽공이 용을 좋아한
다는 사실을 알게 되었다. 용은 "모처럼 이렇게 용을 좋아하는 사람이
나타났으니, 그 사람 집에 한번 찾아가봐야겠네"라고 말하며 하늘에

서 내려왔다. 용은 엽공의 집에 도착하자 머리를 창으로 들이밀고 "엽공 있는가?" 하고 큰 소리로 외쳤다. 엽공은 진짜 용을 보자마자 소스라치게 놀라 소리를 질렀다. "으악! 괴물이다!" 진짜 용은 참으로 이상하게 생각되어 물었다. "그대는 어째서 나를 괴물이라 하는가? 나야말로 그대가 가장 좋아하는 용인데!" 엽공은 무서워서 벌벌 떨며 말했다. "제가 좋아한 것은 용을 닮은 가짜 용이었습니다. 진짜 용이 아니에요. 살려주세요!" 엽공은 말을 채 마치지도 못한 채 황급히 도망쳤다. 집 안에 남은 진짜 용은 잔뜩 고민하는 표정으로 말했다. "흥, 엽공이 용을 좋아한다고 한 건 모두 거짓말이었잖아. 그자는 사실은 용을 무서워했던 거네! 기껏 방문해줬더니만!"

엽공은 실존 인물이다. 성은 심(沈)이고, 이름은 제량(諸梁), 자는 자고(子高)로, 춘추전국시기의 유명한 정치가이자 군사전략가이며 사상가였다. 기원전 524년 심제량은 엽 땅에 봉해졌는데, 초나라에서는 영지를 봉해준 제후를 모두 공이라고 했으므로 엽공이라 칭한다. 엽공은 중국사에서 문자 기록이 시작된 이래 엽 땅에 부임한 최초의 행정장관이다. 그는 엽 땅을 다스리는 동안 수리시설을 만들고 농업과 양잠을 장려하는 등 정력을 다해 정사를 돌보았다. 엽공은 백성을 이끌고 동서 두 곳에 저수지를 쌓음으로써 대규모의 땅을 관개농업이 가능한 농토로 일궜다. 이 사업은 중국사상 최초의 농업용 수리공정 가운데 하나로 꼽히며, 엽 땅의 경제적 발전에 중요한 역할을 했다.

이렇게 능력이 뛰어난 인물이 어째서 '엽공호룡(葉公好龍)'과 같은 우화의 주인공으로 전락했을까? 이에 관해서는 공자와 관련된 이야기부터 풀어나가야 한다.

기원전 489년 공자는 제자들과 여러 나라를 돌아다니던 도중 엽 땅에 이르렀고, 엽공을 만나 정치의 도리에 관해 대화를 나누었다.

엽공은 공자에게 일러주었다. "이곳에는 정직의 도리를 지키는 사람이 있소. 자기 아버지가 다른 사람의 양을 훔쳤는데, 바로 관가에 고발했다오." 공자는 그 행동이 옳지 않다고 여겨 이렇게 말했다. "저희 고장에서 말하는 정직의 도리는 이곳에서 말하는 정직의 도리와는 다릅니다. 아버지는 아들을 숨겨주고 아들은 아버지를 숨겨주지요. 정직의 도리는 이렇게 행해지는 것입니다."

그 말을 듣고 엽공은 공자의 학설에 회의를 품게 되었다. 하루는 제자 자로에게 넌지시 공자의 사람됨을 물었다. 자로는 대답을 하지 못했다. 나중에 공자는 그 사실을 알고 곧 자로를 꾸짖었다. "너는 왜 '스승님은 학문에 대한 열정이 차오르면 식사를 잊고, 공부의 즐거움에 빠지면 근심을 잊으며 늙어가는 것조차 의식하지 못하는 분입니다'라고 대답하지 않았느냐?"

하지만 공자의 이러한 엽 방문은 엽공과 공자의 사상적 차이 때문에 곧 끝나고 말았다. 그래서 공자는 제자들을 데리고 엽을 떠나 북쪽으로 돌아갔다. 공자의 제자들도 이 때문에 엽공을 대단히 불만스러워했다. 그래서 나중에 일부 유학자가 엽공이 용 그리기를 좋아했다는 이야기를 빌려와 '엽공호룡' 우화를 만들어냄으로써 가짜 군자라는 이미지를 심어주었다.

엽공과 공자가 토론했던 문제, 즉 충실한 사람됨의 기준은 무엇인가는 오늘날에도 논란이 계속되고 있다. 대체 어떤 사람을 정직의 도리를 행하는 사람으로 볼 것인가?

엽공의 생각은 분명 현대 법률의 관점과는 맞아떨어진다. 아버지가 양을 훔쳤다면 아들은 그것을 고발해야 한다. 엽공은 양을 훔친 행위는 범죄에 해당되므로 자식의 고발이 정직한 행위라 보았다. 사회의 구성원은 마땅히 사회의 공공 정의를 지켜야 하고, 누군가 범죄를 저지른다면 관계의 친근하고 소원함을 따질 것 없이 나서서 증언해야 한다는 것이다.

반면 공자는 법의 적용은 인성을 바탕으로 이루어져야 한다고 보았다. 인륜의 관점에서 아들은 차마 아버지가 벌을 받는 것을 볼 수 없으므로 증인으로 삼아서는 안 된다는 것이다. 그래서 아버지가 양을 훔친 사실을 증언하는 것은 가족 간의 사랑에 위배되는 행위이므로 숨겨주는 것이 마땅하다고 보았다. 그것이 가족 사이의 사랑의 발로이며 '정직'의 품성과도 맞는 행동이라는 관점이었다.

현대인들도 이 두 관점을 놓고 논쟁을 벌이고 있다. 엽공의 관점에 찬성하는 이들은, 아비가 자식을 숨겨주고 자식이 아비를 숨겨주는 행위야말로 특수한 인정을 사회적 인간관계의 정의 위에 놓으려는 것으로, 법치의식이 뒤떨어지는 중요한 원인이 된다고 주장한다. 또다른 부류는 부자지간이라면 서로 숨겨줘야 한다는 공자의 관점이 도의에 합당하다고 생각한다. 공자의 관점에 찬성하는 이들의 논거는 이러하다. '서구 사회에서도 일정한 촌수 이내의 친지간에는 서로 증인이 될 수 없음을 법률적으로 규정해놓았다. 이는 인륜상 가족 간의 사랑이 훼손되지 않기를 바란 것이다. 만일 가족 간의 사랑조차 무너진다면, 사람 사이의 따스함은 사라질 것이고 그렇게 되면 법률제도가 아무리 엄격해져도 아무 의미가 없다.'

물론 법에 따르는 것은 중요하다. 그러나 법의 적용은 정서적 기반 위에 이루어져야 한다. 또한 사람과 사람 사이의 감정에서 으뜸가는 것은 가족 간의 사랑이다. 이른바 "백 가지 선행 중 효가 최우선"이라는 말도 이러한 관점과 통한다. 사람과 사람 사이에 서로 감시하고 고발하는 풍토가 당연시된다면, 인륜은 파괴되고 말 것이다. 그러므로 인륜과 가족 간의 사랑을 희생하는 대가로 '정직의 도리'를 얻는 것은 아무 가치가 없다.

눈 내리는 날, 땔감을 주는 친구를 곁에 두게

"공서화가 제나라에 갈 때 살찐 말이 끄는 수레를 타고, 가볍고 따뜻한 가죽옷을 입었다. 그는 유복한 생활을 누렸고 충분히 모친을 돌볼 여유가 있다. 그러니 우리는 이미 넉넉한 공서화 집안에 더 보태줄 필요가 없었다. 마땅히 곤궁한 사람을 도와서 꼭 필요한 곳에 원조해야 했다."

赤之適齊也 乘肥馬 衣輕裘 吾聞之也 君子周急不繼富
적 지 적 제 야 승 비 마 의 경 구 오 문 지 야 군 자 주 급 불 계 부

—《논어》 「옹야편」

　　❀ '금상첨화(錦上添花)'란 비단 위에 꽃을 수놓는다는 뜻으로, 좋은 것을 더 좋게 하고 훌륭한 것을 더욱 훌륭하게 만든다는 것을 빗대어 표현한 말이다. '설중송탄(雪中送炭)'이란 눈이 내리는 날 땔감을 보내준다는 뜻으로, 다른 사람이 간절히 필요로 할 때 물질적 혹은 정신적으로 도움을 준다는 것을 빗대어 표현한 말이다. 둘 다 다른 사람에게 도움을 준다는 뜻이지만, 구분해서 사용할 필요가 있다. 예를 들어 곤란한 일이 겹쳤을 때 누군가 도움의 손을 내

밀어 곤경을 빠져나오는 것이 설중송탄이라면, 한창 기분이 좋을 때 꽃이나 박수를 받는 것은 금상첨화에 해당한다. 금상첨화도 도움이 되긴 하지만 실질적인 효과 면에서는 설중송탄에 미치지 못한다. 그래서 "군자는 위급함을 구해주지만 부유함을 더해주지는 않는다"라는 공자의 말은 '설중송탄'과는 그 의미가 통하지만 '금상첨화'와는 어울리지 않는다.

공자가 노나라에서 관직을 맡았을 때의 일이다.

제자인 공서화가 제나라에 사신으로 가게 되자, 염유는 공자에게 공서화의 어머니에게 양곡을 보내주자고 제안했다. 그러자 공자는 "좁쌀 여섯 말 네 되를 주어라"라고 말했다. 염유가 생각하기에 약간 적은 것 같아 스승에게 좀더 줄 것을 청했다. 그러자 공자는 "그러면 두 말 네 되를 더 주어라"라고 말했다.

염유는 아마도 공자 학당에서 집사 같은 역할을 담당했던 듯하다. 그는 결정권을 손에 쥐고 일을 처리할 수 있었기에 스승의 의견을 따르지 않고 친한 사이였던 공서화에게 통 크게도 80섬을 보냈다. 공자가 정한 기준을 훨씬 넘는 양이었다. 나중에 이 사실을 안 공자는 이렇게 말했다. "공서화가 제나라에 갈 때 살찐 말이 끄는 수레를 타고, 가볍고 따뜻한 가죽옷을 입었다. 그는 유복한 생활을 누렸고 충분히 모친을 돌볼 여유가 있다. 그러니 우리는 이미 넉넉한 공서화 집안에 더 보태줄 필요가 없었다. 마땅히 곤궁한 사람을 도와서 꼭 필요한 곳에 원조해야 했다."

"사람을 구해 쓸 때는 포부가 큰 이를 구해 써야 하고, 사람을 도와줄 때는 급해도 도와줄 이가 없는 사람을 도와주라"라는 말처럼, 무릇 일처리에는 경중과 완급을 조절해야 한다. 일상생활에서도 금상첨화식으로 나서는 것보다는 설중송탄처럼 어려운 곳을 돕는 것이 낫다. 현대 문학가 량스추(梁實秋)도 이렇게 말했다. "살면서 뜻대로 되지 않는 것이 열에 여덟아홉은 된다. 하지만 막다른 골목에 몰려 어찌할 수 없는 궁색한 처지가 되면, 꼭 누군가 손을 내밀어 곤란함을 풀어주는 경험을 한다. 그때가 되면 '금상첨화'와 '설중송탄'의 차이가 어떤 것인지 절절히 체험하게 된다."

이런 이야기도 있다. 옛날에 가난한 서생이 살았다. 찢어지게 가난한 처지라, 남이 말하는 내용을 대필하여 편지를 써주는 것으로 생계를 유지했다. 어느 해에 마침 과거가 있었다. 서생은 과거에 응시할 노자를 마련하기 위해 친구들에게 돈을 빌리러 다녔다. 그러나 한 명의 예외도 없이 모두 거절했다. 서생은 어쩔 수 없이 걸식을 해가며 과거장에 이르렀다. 천운이었던지 서생은 과거에 합격했고 금의환향하기에 이르렀다. 친구들은 그 소식을 듣고 앞다투어 달려와 아부하기 시작했다. 아무도 찾아오지 않던 서생의 집 앞에는 인파가 끊이지 않아 시장바닥을 방불케 했다. 이런 모습을 보고 자연히 서생은 온갖 감회에 사로잡혔고 문득 대련(對聯)*의 구상이 떠올랐다.

상련은 다음과 같았다.

지나간 세월을 회고하니 / 오륙칠월 내내 굶주림에 시달려 / 땔감과 쌀은 다 떨어졌는데 / 가난하여 쇠붙이 한 치도 없었네. / 외상으로

---

* 의미가 서로 관련이 있고 형식상 한 쌍으로 짝을 이루어 대응하는 두 구절. 오늘날은 설날 이후 대문에 내거는 춘련(春聯)의 형식으로 많이 쓰인다. 상련(上聯)은 오른쪽에 붙이거나 걸고, 하련(下聯)은 왼쪽에 붙이거나 걸어놓는다. 두 연은 글자 수가 같아야 하고, 같은 위치의 문장 성분이 일치해야 하며, 평측(平仄, 성조의 높낮이)이 일치해야 한다.

사지도 못하고 / 빌리지도 못하는데 / 친척들이 많아도 / 그 누가 기꺼이 설중송탄을 베풀었던가.

그리고 하련은 다음과 같았다.

요행히 금년에 / 세 단계 과거에 모두 합격하니 / 오경괴(五經魁)** 에 들었다네./ 이름도 향기로워지고 / 성도 향기로워지니 / 이 사람 저 사람 가리지 않고 / 모두 몰려들어 금상첨화로구나.

서생이 붉은 종이에 그 문장을 써서 문에 붙이니, 그것을 본 사람들은 모두 부끄러워 얼굴을 들지 못하고 달아났다.

설중송탄을 실천하는 우정은 점점 줄어들고 있다. 당신이 가장 도움을 필요로 할 때 발벗고 나섰던 사람이 몇 명이나 되었는지 한번 헤아려보라. 그리고 다른 사람이 가장 도움을 필요로 할 때, 당신은 자진해서 도와주었는가?

사실 활짝 피어 있는 온갖 꽃들은 이미 비단처럼 아름답다. 그 위에 한 송이를 보탠다고 해서 무슨 차이가 있겠는가? 반면 꽁꽁 얼어붙는 추운 날씨에 불씨 한 점을 만난다면 사람의 마음은 그쪽으로 끌리게 되어 있다.

** 명나라 초기의 과거에서는 향시에서 5경《시경》《서경》《역경》《예기》《춘추》)을 과목별로 따로 합격자를 뽑았다. 이때 각 과목의 수석합격자를 '경괴(經魁)'라 하고 다섯 과목 수석합격자를 오경괴라 통칭했는데 과목별 선발이 폐지된 후에는 관례적으로 상위 5등까지의 합격자를 가리키는 말로 의미가 바뀌었다.

경쟁 상대는 포용하라고 있는 거네

"중용을 행하는 이를 얻을 수 없다면 반드시 광자(狂者)나 견자(狷者)를 얻어야 한다. 광자는 나아가 취하고 견자는 함부로 하지 않기 때문이다."

不得中行而與之 必也狂狷乎 狂者進取 狷者有所不爲也
부 득 중 행 이 여 지 필 야 광 견 호 광 자 진 취 견 자 유 소 불 위 야

—《논어》「자로편」

🌺 전통적인 고체양조법으로 담근 바이주(白酒)를 '전통 바이주'라 하고, 새로운 액체양조법으로 담근 바이주를 '신식 바이주'라 부른다. 전통 바이주 업계는 자기네 방식이 향미가 진하고 본연의 맛을 낸다는 점을 강조하면서 신식 바이주는 원가절감을 위해 싸구려 원료를 쓰고 속성으로 담그기 때문에 바이주 고유의 맛을 잃어버렸다고 비판한다. 반면 신식 바이주 업계는 자기네 방식이야말로 순정 주정을 사용하므로 건강에 좋다고 자랑하며, 전통 바이주는 주정의 순도가 떨어지고 인체에 해로운 물질을 많이 함유하고 있다고 반박한다.

바이주 업체들이 이렇게 서로에게 손가락질하는 것은 자사 제품의 장점을 내세워 시장 우위를 점하려는 목적이었겠지만, 이들이 서로 싸우는 모습을 지켜보던 소비자들은 오히려 제품의 결함을 발견했을 뿐이었다. 결과적으로 양쪽 다 신뢰를 잃었고 양쪽 다 피해를 보았다. 물론 업종 전체에도 악영향을 미쳤다.

공자가 말한 '이단(異端)'은 정확성을 상실하거나 정도를 벗어난 사상, 주장, 행위를 가리킨다. 이러한 이단의 상태에 머물러 있으면서 다른 이를 공격하면 쌍방 모두 큰 피해를 입는다. 즉 자신에게도 불리하고 상대방에게도 좋지 않다. 그렇다면 나와 생각이 다른 상대를 어떻게 대해야 하는가? 공자는 사상이 다른 이들을 너그럽게 대하고 포용하는 전략을 채택했다. 공격이 아닌 관용과 반성으로 자신의 이론을 재검토하고 자신의 사상을 가다듬어 양쪽 다 피를 보는 것을 피했다. 공자는《논어》「자로편」에서 이렇게 말했다. "중용을 행하는 이를 얻을 수 없다면 반드시 광자(狂者)나 견자(狷者)를 얻어야 한다. 광자는 나아가 취하고 견자는 함부로 하지 않기 때문이다."

광자(극단주의)와 견자(냉소주의)는 중용과 비교해 차선책이 될 수 밖에 없다. 왜냐하면 이 둘 모두 '진실로 그 중심을 잡는(允執其中)'* 원칙과 맞지 않고 사람의 심성을 해치고 감당하기 어려운 후환을 만들기 때문이다.

관중이 제환공을 보좌한 지 40여 년이 지나 임종을 맞이했을 때, 제

---

* '윤집기중', 요임금이 순에게 왕위를 물려줄 때 당부한 원칙. 치우치지 말고 중용적 사고와 행동을 갖추라는 의미다.

환공은 그에게 재상 자리를 이어받을 사람을 추천해달라고 했다. 관중은 "신하를 아는 데 임금만 한 이가 있겠습니까?"라며 거절했다. 제환공의 의중을 떠본 것이다. 만년의 제환공은 세 사람의 근신을 총애하고 있었다. 첫째는 자기 아들을 죽여 제환공에게 사람고기의 맛을 보여준 역아(易牙)이고, 둘째는 모국을 등진 위나라 공자(公子) 개방(開方), 마지막은 제환공을 가까이에서 모시며 아첨하기 위해 스스로 거세한 수초(豎貂)였다. 사실 제환공은 관중의 재상 자리를 이을 인물을 이 세 명 중에서 뽑으려고 했다.

제환공이 물었다. "역아는 어떻소?" 관중이 대답했다. "군주의 비위를 맞추려고 자식까지 죽였습니다. 사람의 심성에 어긋나는 짓을 한 인물이니 안 됩니다."

제환공이 물었다 "개방은 어떻소?" 관중이 대답했다. "군주의 비위를 맞추려고 부모를 버렸습니다. 사람의 심성에 어긋나는 짓을 한 인물이니 가까이하지 마십시오."

제환공이 물었다. "수초는 어떻소?" 관중이 대답했다. "군주의 비위를 맞추려고 스스로 거세했습니다. 사람의 심성에 어긋나는 짓을 한 인물이니 곁에 두시면 안 됩니다."

관중은 세 사람의 행위가 인지상정에 위배된다는 점을 지적하며 손을 잡아서는 안 된다고 말했다. 그가 말한 "사람의 심성에 어긋난다"에 담긴 속뜻은 이러하다. '이 세 사람의 행위가 겉으로는 대단해 보이지만, 인지상정에 위배될 뿐 아니라 사람의 도리에서 벗어난 짓이니 이들을 어떻게 믿을 수 있겠습니까?'

결국 관중은 제환공에게 자신의 뒤를 이어 재상에 앉을 인물로 습붕(隰朋)을 추천했다. 그러나 아쉽게도 습붕 역시 곧 세상을 떠났다.

그러자 제환공은 역아, 개방, 수초를 다시 불러들였다. 이 세 사람은 제환공의 아들들을 끌어들여 파벌을 만들고 제나라에 대혼란을 일으켰다. 제환공은 이들에게 유폐되어 굶어죽었는데, 두 달이 넘도록 시신을 수습해주는 이가 없어 구더기가 방 밖으로 기어나왔지만 아무도 신경쓰지 않았다.

이단 문제에 관용의 태도를 유지하면서도 인지상정에 위배되지 않는 길, 공자는 그것이 사람으로서 갖춰야 할 바탕인 동시에 리더로서 마땅히 갖춰야 할 기본 자질이라 보았다.

4

일상, 그 콩나물시루에서

매일 하루를 돌아보고 있는가

"나는 날마다 세 가지로 나 자신을 살핀다. 남을 위해 꾀함에 충성치 못하였는가? 벗과 사귐에 믿음이 없었는가? 배운 것을 익히지 못했는가?"

吾日三省吾身 爲人謀而不忠乎 與朋友交而不信乎 傳不習乎
오 일 삼 성 오 신 위 인 모 이 불 충 호   여 붕 우 교 이 불 신 호   전 불 습 호

—《논어》「학이편」

    ❖ 우리는 의식적이든 무의식적이든 항상 자기 잘난 점을 남에게 뽐내려 하며 누군가 알아주길 바란다. 하지만 자신의 약점이나 실수는 어떻게든 덮어버린다. 다른 이들이 그것을 영원히 알아차리지 못하기를 바랄 뿐 아니라(어쩔 수 없는 상황이었다, 그럴 의도는 없었던 예외적인 일이다 등등) 자신의 부족함과 잘못에 대해서는 몇 번이고 거듭 짐짓 건망증에 걸린 체한다. 반면 다른 사람이 저지른 실책에 대해서는 떠벌리기 일쑤다. 심지어 어떤 이는 당당하게 의분이 넘치는 태도로 타인을 나무라고 비난을 퍼붓는다. 마치 자신은 잘못이라고는 영원히 저지르지 않을 듯이 말이다.

공자가 살았던 춘추시대에도, 이런 부류의 사람들은 쉽게 찾아볼 수 있었다. 공자는 《논어》「위령공편」에서 이렇게 말했다. "군자는 자신에게 구하고, 소인은 남에게 구한다." 대략 다음과 같은 의미다. '군자는 자신의 약점과 잘못을 거리낌 없이 바라보고 과감하게 자신의 부족함을 인정한다. 반면 소인은 자신의 잘못이 드러나는 상황에 처해도 어떻게든 얼버무리고 변명을 늘어놓을 뿐 아니라 책임을 다른 사람에게 미룬다.'

루쉰도 비슷한 맥락에서 이렇게 말했다. "비참한 삶의 참모습을 그대로 받아들일 수 있는 사람, 흘러내리는 선혈을 똑바로 바라볼 수 있는 사람이야말로 진정으로 용감한 사람이다."

수많은 사람이 크든 작든 끊임없이 상처받는 일들을 겪으며 힘든 삶을 살아간다. 마치 "운명의 힘은 당할 수 없는 것"*이라는 노래 가사처럼 말이다. 불행의 원인을 남의 탓으로 돌린다면 쉽고 편리한 자기 위안은 될지 모른다. 그러나 그런 방식으로는 사실상 문제를 해결할 수 없다. 샹린사오(祥林嫂)**처럼 자신을 불쌍하고 비참하며 쓸모없는 인간으로 비하하는 것이다.

공자는 실생활에서 지혜롭고 냉철했다. 그의 제자 중에서 이런 면을 가장 잘 배우고 흡수한 이는 증자(曾子)였다. 비록 타고난 자질로는

---

* 타이완 출신 록밴드 신러퇀(信乐团)이 김건모의 〈버담소리〉를 리메이크하여 내놓은 〈离歌〉(이별노래)의 가사 중 일부.
** 루쉰의 단편소설 〈축복(祝福)〉에 등장하는 여주인공. 전통사회의 가부장적 봉건적 사고방식에 저항해보지만 실수로 아들을 죽게 만든 것에 대한 죄책감과 남편을 잃은 것에 대한 상실감에 미쳐 자살로 비참한 생을 마감한다.

공자 문하에서 최고의 인물이 아니었지만, 이뤄낸 성과는 훌륭했다. 증자는 자신에게는 엄격한 기준을 요구한 반면, 다른 이에게는 매우 너그러웠다. 그의 몸가짐과 처세는 "극히 조심스러워 마치 살얼음판을 걷는 듯했다."***

생각해보면, 정도의 차이는 있어도 사람은 누구나 살아가는 동안 돈이나 섹스, 권력 등의 유혹을 받는다. 그 상황에서 조금이라도 신중함을 잃으면, 그때까지 쌓아올린 노력들은 수포로 돌아갈 수 있다. 후회하고 마음을 고쳐먹었을 때는 이미 늦었다. 오죽하면 "방탕한 자식의 개과천선은 황금과도 바꾸지 않는다"라는 고사성어가 나왔겠는가? 증자는 아마 자신도 남들처럼 약점이 있으며 공자만큼 수양을 쌓지 못했다는 사실을 알고 있었을 것이다. 그렇기에 이런 말을 남기지 않았겠는가? "나는 날마다 세 가지로 나 자신을 살핀다. 남을 위해 꾀함에 충성치 못하였는가? 벗과 사귐에 믿음이 없었는가? 배운 것을 익히지 못했는가?"

증자는 하루 동안 자신이 직분에 충실했는지, 정성을 다해 신망으로 사람을 대했는지, 배운 것을 제대로 활용했는지, 이 세 가지를 매일 돌아보도록 훈련했다. 의욕적으로 시작하고는 며칠 지나 시들해지는 수행이 아니었다. 그는 이 습관을 굳은 결심으로 평생 실천했다.

증자의 수행은 도덕적 수양에 한정되지 않았다. 업무에서는 자신의 잘잘못을 돌아보고 교훈을 되새겼다. 인간관계에서는 상대를 성실하고 진지한 태도로 대하려고 했다. 공부를 할 때는 항상 옛사람의 가르

*** 戰戰兢兢, 如履薄氷. 《시경(詩經)》「소민편(小旻篇)」.

침과 새로운 지식을 조화시키려고 노력했다. 이런 사람은 비록 세속적 명성과 이익을 얻지 못하더라도, 최소한 신뢰를 얻고 사람들에게 사랑과 존경을 받는 인물이 된다.

증자는 비록 천재는 아니었지만 보통 사람보다 몇 배로 끈기가 있었고 용감했으며 부단히 노력했기에 공자에 버금가는 수준에 이를 수 있었다. 살아가다 보면 운명이 자신에게만 유달리 가혹했다거나 아무리 열심히 노력해도 정당한 대가를 받지 못했다고 한탄하는 사람들을 만난다. 스스로 반성하고 돌이켜보는 사람은 찾아보기 어렵다.

옛날에는 스스로를 살피는 수행이 대단히 중요했다. 과거 청나라에는 도광(道光) 연간, 왜인(倭仁), 증국번(曾國藩), 오정동(吳廷棟) 등이 참여한 소규모 학술공동체가 활동하고 있었는데, 이들은 학문적 주제에 대한 토론 외에도 각자의 자기반성을 일과로 삼았다. 나아가 동료의 자기수양 기록을 서로 검토해주기도 했다. 자신을 스스로 감독할 뿐 아니라 서로 감독해주었던 셈이다. 1920년대 베이징 대학에도 이와 비슷한 인격수양 활동 소그룹이 있었다.

도저히 현실이 견딜 수 없이 힘들다면, 우선 마음이 가라앉을 때까지 잠시 기다려라. 그런 다음 자기 자신이 직분과 책임을 충실히 다했는지, 다른 사람들에게 신의를 가지고 성실한 태도로 정직하게 대했는지, 배운 것을 잘 갈무리하면서도 새로운 정보를 적극적으로 받아들였는지 살펴보라.

삶의 양식이 변화무쌍한 현대사회에서는 각종 유혹이나 정보가 끊임없이 우리를 흔든다. 그래서 수많은 사람이 인생의 방향을 잃고 실패하거나 실의에 빠지며 균형을 잃는다. 이는 선택의 여지가 좁아서가 아니라 오히려 정보가 너무 많아서다. 오늘날이 유달리 난세여서가 아니라 우리가 방향을 잃었기 때문이다. 그 해결 방안은 수천 년 전의 경전 안에 있다. 증자는 평균 수준의 지적 능력을 지녔지만 현인으로 추앙받으며 훌륭한 인격을 닦았다. 그 비결은 곧 매일 몇 번이고 자신의 삶을 돌이켜보며 반성하는 자세와 그 마음가짐을 지켜나가는 끈기에 있다.

버릴수록 얻는다고 아무리 말해도 모르지

"계찰이 검을 걸어놓다."

季札繫劍
계 찰 계 검

—《사기》「오태백세가편」

    ❀ 물질적으로 풍요로워졌건만 현대인의
삶은 어째서 근심으로 가득한가? 욕망은 넘쳐나는데 내려놓음의 지혜
를 깨우치지 못했기 때문이다. 공자는 내려놓음을 미덕으로 여겼다.

    춘추시대의 인물 중 권력을 탐내지 않기로 유명한 사람은 소탈한
품성의 귀공자 계찰(季札)이다. 계찰은 오나라 왕 수몽(壽夢)의 막내아
들이라는 높은 신분으로 태어났다. 사람들은 흔히 오월(吳越) 지역을
품격 높은 문인들이 많은 지역이라 생각한다. 그러나 춘추시대의 오월
지역은 아직 개발되지 않은 황야였다. 백성은 단발머리에 몸에는 문신
을 했으며 용맹스럽고 싸움하기를 좋아했다. 그래서 중원에서는 오나
라를 문화가 낙후한 나라 정도로 인식했다. 이는 한나라 때까지도 마
찬가지여서 박학다식한 사마천조차 "연릉(延陵)*의 계자(季子)가 아니었

다면 나는 이곳을 문화의 불모지로 생각했을 것이다"라고 기술할 정도 였다.

계찰이 임금 자리를 여러 차례 거듭 거절한 것은, 형이 죽으면 동생이 계승하는 오나라의 왕위 계승 방식이 자신의 사상과 맞지 않는다고 생각했기 때문이었다. 그래서 부친이 그가 왕위를 잇기를 절실히 원하고 형들이 간곡히 설득해도 계찰은 끝끝내 자신의 주장을 굽히지 않았다. 혹시 이렇게 생각하는 사람이 있을지 모르겠다. '어쩌면 이렇게 머리가 나쁠까! 왕이 되어 권력을 쥐면 자기가 뜻하는 정치를 펴기가 훨씬 쉽지 않은가?' 이 의문에 대해서는 "한 번 원칙을 어긴 이가 다른 신조를 굳게 지키는 것은 보지 못했다"라고 한 맹자의 말이 알맞은 답변이 될 것이다. 계찰은 권력 획득에는 별다른 뜻이 없었지만, 인간관계에서는 분명한 원칙을 지켰다.

계찰이 다른 나라들을 순방하며 오나라를 위해 외교활동을 할 때의 일화가 있다. 서(徐)나라를 지나는 도중 군주를 찾아뵈었는데 두 사람은 뜻이 잘 맞아 격의 없이 이런저런 대화를 나누었다. 그런데 서나라 군주는 계찰이 차고 있는 훌륭한 검을 보고 매우 탐내는 기색을 비쳤다. 당시 오나라의 검 제작기술은 중원에서 으뜸가는 수준이었고, 귀족 신분인 계찰이 지니고 다닐 정도의 물건이라면 당연히 최상품일 터였다. 더군다나 그가 찬 검은 신분을 드러내는 용도 외에 오나라의 기술력을 과시하기 위한 목적도 있었다.

계찰은 서나라 군주가 자신의 검을 마음에 들어한다는 사실을 눈

---

* 오늘날의 장쑤 성(江蘇省) 창저우 시(常州市) 인근. 왕위를 계속 거절하자 오나라 왕은 계찰을 제후로 삼아 이곳에 봉했다.

치챘지만, 언급하기가 난감하여 말을 꺼내지 않았다. 그가 맡은 외교적 임무를 수행하려면 보검을 차고 다녀야 했기 때문이다. 계찰은 임무를 마치고 귀국하는 도중 다시 서나라에 들렀는데, 군주는 이미 사망한 뒤였다. 계찰은 군주의 묘에 들러 조문을 하고, 자신의 보검을 끌러 묘 앞에 있는 나뭇가지에 걸었다. 그러자 수행하던 관리가 말렸다. "이미 돌아가신 분인데, 공자님이 검을 바친다 한들 어찌 알아주시겠습니까?"

그러나 계찰은 권고를 받아들이지 않았다. "사실 지난번에 이미 검을 드릴 생각을 품었다네. 당시에는 임무 때문에 내드릴 수 없었지만, 사실은 그때부터 이 검은 이분 것이었던 셈이지. 나는 스스로 그리 다짐한 마음을 따르는 걸세."

이것이 바로 계찰의 보검 고사로, 내려놓음에 관한 멋진 일화다. 계찰은 보검을 포기함으로써 오롯이 충실함을 지킨 것이다. 단순한 실익을 따지자면 멍청한 짓이었을지도 모른다. 그러나 마음의 관점에서 보면 이로써 마음의 안정을 얻은 것이 된다. 계찰은 이 세상에 지나간 일을 돌이킬 방책이란 없으며, 마음을 평온하게 유지하고 어떤 일이 일어나기 전에 대비하는 것이 최선임을 깨달았다. 그렇다면 어떻게 대비할 것인가? 바로 내려놓음을 실천하면 된다. 분수를 넘는 탐욕을 버리라. 기회를 놓치는 것을 아쉬워하지 말라. 솔깃한 기회가 불운을 불러올지도 모른다. 간절히 바라는 마음을 내려놓으면 오히려 슬그머니 행운이 찾아온다.

선가(禪家)에서 말하는 버림의 미학, 즉 버릴수록 얻는다는 말은 큰 가르침이자 위대한 지혜다. 하지만 그것을 실천하려면 확고한 의지가 필요하다. 그런 면에서 왕위를 내려놓은 백이(伯夷)와 숙제(叔齊)는 기득권의 내려놓음은 실천했지만 세상에 대한 불만까지 떨어내지는 못했다.

서산에 올라 고사리나 캐자.
또다른 포악함으로 포악함을 다스리니,
그 잘못을 깨닫지 못하는구나.
신농(神農), 우(虞), 하(夏)의 시대는 가버렸으니,
우리는 장차 어디로 돌아갈 것인가?
이제는 죽음을 기다릴 수밖에 없구나.
쇠락한 우리의 운명이여.*

　백이와 숙제에겐 낙원이란 없고 마음에는 슬픔이 가득했지만 계찰에겐 그렇지 않았다. 비록 현실이 즐겁지 않다 해도 자신의 원칙에 따라 마음의 평화와 조화를 지키며 사는 방법을 터득했던 것이다.

---

* 백이와 숙제가 굶어 죽기 전에 지어 불렀다는 《채미가(采薇歌)》
登彼西山兮 采其薇矣 / 以暴易暴兮 / 不知其非矣 / 神農虞夏 忽然沒兮 / 我安適歸矣 / 于嗟徂兮 / 命之衰矣

먹고사는 일이 힘들겠지만 의연하게

"어질도다, 회여! 밥 한 그릇과 물 한 바가지로 누추한 거처에서 생활한다면, 사람들은 그 괴로움을 견디지 못하거늘, 회는 그 즐거움을 고치지 않는구나. 어질도다, 회여!"

賢哉回也 一簞食 一瓢飲 在陋巷 人不堪其憂 回也不改其樂
현재회야 일단사 일표음 재루항 인불감기우 회야불개기락

賢哉回也
현 재 회 야

-《논어》「옹야편」

🌿 《독자》지에서 본 글이 생각난다. 기고자는 중국인이 불확실한 앞날을 걱정하며 심한 불안감에 시달린다고 기술했다. 이런 경향은 이제 도시만이 아니라 시골에서도 나타난다. 자기 인생이 암울하다고 느끼는 사람이 많아진 것이다. 무엇이 우리를 우울하게 만들까?

매일 아침 출근길, 버스에는 이미 승객이 바글거린다. 짓눌려 종잇장처럼 납작해질 것 같다. 어찌됐건 어떻게든 기를 쓰고 만원버스에 오른다. 버스가 살찐 벌레처럼 앞으로 엉금엉금 가는 동안 안에 갇힌 승객들은 숨쉬기가 힘들 정도다. 출근 자체가 전쟁이다. 지각하면 당연히 아침 출근길의 고달픔에 울화가 치민다. 그리고 퇴근해서 집에 돌아오면 습관처럼 하루 동안 받은 스트레스를 가족에게 쏟아낸다. '교통 정체가 얼마나 심하던지 콩나물시루 같은 버스에서 고생은 고생대로 하고 결국 지각을 했지. 또 회사에 벌금까지 내고 말이야. 아, 오늘은 정말 끔찍한 날이었어.' 그런 우울한 감정으로 잠자리에 든다. 하지만 낮에 겪은 불쾌한 기억들이 계속 떠오른다. 기분이 좋을 리가 없다. 잠이 오질 않는다.

중국의 일부 청년들은 국내 뉴스든 해외 뉴스든 소소한 사회고발성 기사 하나만 나와도 즉시 왁자지껄 달아오른다. "어째서 이렇게 부조리한 현실에 분노하지 않는가!" 그러나 그저 감정 배설에 그치는 분노라면 무슨 의미가 있는가? 단순히 자기의 우울한 감정을 해소하고자 하는 외침이라면 굳이 다른 사람까지 끌어들일 이유가 무엇인가? 우울함은 전염성이 강하다. 누군가가 우울하면 주변의 다른 사람도 덩달아 우울해진다.

후스(胡適)*는 글에서 자신이 가장 싫어하는 유형의 인간은 걸핏하면 다른 사람에게 감정을 표출하는 사람이라고 썼다. 이런 경우를 생각해보자. 당신이 미소를 지으며 다른 사람에게 인사를 했는데, 상대방은 마침 마음이 울적한 상태라 당신을 무시해버린다. 이제 우울증 바이러스는 곧 당신에게 전염된다. "이 자식, 왜 이래?" 기분이 상해

---

* 1891~1962. 근대중국의 사상가, 교육자. 미국 컬럼비아대학에 유학하고 돌아와 베이징 대학 철학과 교수로 재직했다. 그러나 단순히 학자로서의 활동에 그치지 않고 《매주평론(每週評論)》지를 발간하여 계몽운동을 활발히 전개, 격변기 중국의 문화와 사회 전반에 큰 영향을 미쳤다. 백화문 운동(구어체를 일상생활과 문학 창작에 사용하자는 움직임)의 선구자로 꼽힌다.

한마디 하려는 참에 어떤 이가 당신에게 인사를 해온다. 이번에는 당신이 그를 무시한다. 바이러스는 이런 식으로 계속 퍼져나간다.

공자는 정교한 일곱 구멍 심장**의 소유자였지만, 그도 때로는 우울한 감정 상태에 빠졌다. 공자가 괴로워한 것은 항상 불우한 생활(물질적인 면만이 아니라 정신적인 면에서도)과 연관되어 있었다. 《논어》「학이편」의 "가난하면서 원망하지 않기는 어려우나, 부유하면서 교만하지 않기는 쉽다"라는 말은 이런 배경에서 나왔다. 이 문구의 의미는 간단하다. '사람이 곤궁한 상태에 처했을 때 원망하는 마음을 품지 않기란 대단히 힘들다. 그러나 일단 돈이 생기면 여유가 생겨 마음을 다스리는 것도 무척 쉬워진다.' 정말 그렇다. 곤궁함을 한탄한다는 소리는 들어봤어도 부유함을 한탄한다는 소리는 들어본 적이 없으니.

홍콩 여류작가 이수(亦舒)는 "명예와 이익에 초연할 때 유명해지고 돈도 얻는다"라고 했지만 공자는 가난한 것이 곧 미덕을 기르는 토양이라고 생각한 적이 없다. 오히려 사람이 곤궁해지면 정서도 빈약해진다고 보았다. 이것은 공자가 왜 유별나게 안회를 좋아하고 높이 평가했는지를 설명해준다. 안회는 곤궁한 상황에 처해서도 여전히 즐겁게 생활할 수 있었기 때문이다. 그의 이런 태도는 생활조건을 개선하려는 의지가 없다거나, 어엿한 일자리를 구하지 못할 정도로 멍청했기 때문이 아니었다. 공자가 보기에 안회는 '어진 품성(仁)'을 몸소 실천하는 데 탁월했다. 그래서 공자는 《논어》「옹야편」에서 이렇게 칭찬했다.

** 성인(聖人)은 어진 심성과 심기(心氣)가 보통 사람과 완전히 다르기에 심장에 일곱 개의 구멍이 있다는 고사의 관용적 표현.

"안회는 그 마음이 석 달 동안이나 어진 상태를 벗어나지 않는데, 다른 제자들은 하루에 한 번, 혹은 한 달에 한 번 어진 상태에 도달할 뿐이다."

안회의 인의는 스승에게 보여주기 위해 꾸며낸 행동이 아니었다. 또한 어쩌다 한 번 반짝하고 마는 허세도 아니었다. 역사상 꾸며내어 거짓 인의를 행한 자들은 수없이 많다. 가장 전형적인 인물은 한(漢) 왕조를 찬탈한 왕망(王莽)이다. 당나라 때 사람인 백거이(白居易)는 시조를 지어 이 가짜 군자를 풍자했다.

주공은 날마다 떠도는 말을 겁냈고,
왕망은 찬탈하지 않았을 때는 겸허하고 공손했도다.
만일 그들이 당초에 모두 죽임을 당했다면,
후세에 누가 그 진상을 알았으리오.***

왕망은 권력을 찬탈하기 전에는 소심하고 무능한 인물인 체했다. 낮에는 도덕군자인 것처럼 행동했고, 심지어는 재해를 당한 백성을 구제하고자 자기 집에서는 끼니마다 고기반찬을 식탁에 올리는 것을 금했노라고 대외적으로 선전했다. 홍보가 얼마나 효과적이었는지 그의 건강을 염려한 조정에서 강제로 고기를 먹도록 명령을 내릴 정도였다. 그러나 사실 왕망 부부는 매일 밤 몰래 술과 음식을 한껏 즐기며 균형 잡힌 영양을 섭취했다. 《소오강호(笑傲江湖)》에 등장하는 악불군(岳不

*** 周公恐懼流言日 / 王莽謙恭未簒時 / 向使當初身便死 / 一生眞僞復誰知

群) 역시 처음에는 의로움을 존중하는 듯이 처신하며 대협(大俠)의 모범
처럼 가장했지만, 결국 본색이 드러나 목숨을 잃고 이름값이 떨어지지
않았던가?

공자는 안회에게 감탄했다. "어질도다, 회여! 밥 한 그릇과 물 한
바가지로 누추한 거처에서 생활한다면, 사람들은 그 괴로움을 견디지
못하거늘, 회는 그 즐거움을 고치지 않는구나. 어질도다, 회여!"

공자가 안회를 칭찬한 것은 결코 안회가 궁핍한 생활을 했기 때문
이 아니라, 좌절을 겪었을 때 그가 보여준 태도 때문이었다. 안회는 결
코 생활조건 때문에 우울해하거나 남이 자기보다 나은 생활을 하는 데
개의치 않고, 오직 자신의 정신 수양에만 몰두했다. 그는 또한 다른 사
람의 관직이 높다고 해서 질투하지도 않았다.

공자는 안회의 또다른 미덕으로 "(같은) 잘못을 두 번 저지르지 않
는" 성품을 꼽았다. 그리고 안회는 화가 났을 때 다른 사람에게 분풀
이하지 않고, 우울한 감정을 다른 사람에게 전염시키지 않았다. 이렇
게 하기가 얼마나 어려운가. 우리는 기분 나쁜 일이 있을 때 문을 걸
어차거나 소소한 물건을 집어던지는 일이 얼마나 많은가. 또한 안회는
감정이 격해진 사람과 함께 있어도 평정을 유지했다. 우울증이 파고들
어갈 틈이 전혀 없었던 것이다.

안회는 아주 지혜로운 인물이었다. 그는 자신이 계속 괴로워한다고
문제가 해결되지는 않으며, 우울함이 자기만의 것으로 끝나지 않고 다
른 사람도 힘들게 할 수 있다는 사실을 알고 있었다. 그걸 알아본 공자
는 또 얼마나 현명한 스승인가. 문하에 뛰어난 제자가 많이 있었지만
그는 가난하기 짝이 없는 안회를 유달리 아꼈다. (나아가 어떤 면에서는

자신이 제자들에게 미치지 못한다고 여러 차례 언급했다.) 분명한 것은, 공자는 다른 제자들도 안회처럼 부정적 감정에 휩쓸리지 않는 인간이 되기를 바랐다는 사실이다.

아직도 원망하는 마음이 남아 있는가? 혼자 속으로 원망을 품고만 있으면 당신은 거듭 상처받을지 모른다. 하지만 설령 들어주는 상대가 있다 해도 한없이 푸념을 늘어놓는다면 친구를 잃어버릴 수 있음을 유의하라. 이수 작가는 이렇게 말했다. "친구를 찾아가 감정의 찌꺼기를 쏟아내는 시간은 10분을 넘기지 말아야 한다." 그렇다. 상대방이 당신의 넋두리를 듣다가 지겨워하는 기색이 느껴지면 그만두라. 당신을 불쌍하게 여겨주길 바라는가? 설마 그런 인생을 살고 싶은가?

요즘 어떤 음악을 들으시는가

"하나라 역법을 쓰고, 은나라 수레에 타고, 주나라 면류관을 쓰고, 음악은 소무를 따르라. 정나라 음악은 내치고, 아첨꾼을 멀리하라. 정나라 음악은 음란하고, 아첨꾼은 위태롭기 때문이다."

行夏之時 乘殷之輅 服周之冕 樂則韶舞 放鄭聲 遠佞人 鄭聲淫
행하지시 승은지로 복주지면 악즉소무 방정성 원녕인 정성음

佞人殆
녕인태

—《논어》「위령공편」

🌸 공자는 대중적이면서도 품위 있는 사람이었다. 그의 생활 속에는 정치와 일만 있는 것이 아니라 풍부한 여가생활도 있었다. 역사 기록에 등장하는 공자는 몸집이 우람하고 키가 커서 수레를 끌 수 있을 정도였고 활쏘기 솜씨도 괜찮은 편이었다고 한다. 게다가 그는 당시의 거장인 사양자(師襄子)에게 음악을 배운 적도 있다.

《사기》「공자세가」에는 이런 고사가 실려 있다. 공자가 북과 거문고를 사양자에게 배울 때 열흘이 가도록 같은 곡만 계속 익히고 있었

다. 사양자가 말했다. "진도를 나가셔도 좋습니다." 그러자 공자는 이렇게 대답했다. "곡의 음률은 이미 익혔습니다만 아직 수(數)의 이치를 터득하지 못했습니다." 얼마 정도 지나 사양자가 다시 말했다. "수리까지 충분히 익힌 듯하니, 진도를 나가시지요." 공자는 이렇게 대답했다. "아직 그 뜻을 파악하지 못했습니다." 며칠 더 지나 사양자가 말했다. "이제 뜻은 파악하셨겠지요. 진도를 나가시지요." 공자가 대답했다. "아직 지은이가 누구인지를 파악하지 못했습니다." 며칠이 지났다. 공자는 침묵을 지키고 곰곰이 생각하더니 기뻐하며 멀리 바라보다가 크게 깨달은 기색을 보이며 말했다. "지은이가 누구인지 알았습니다. 묵묵히 말이 없기가 칠흑 같고, 키는 크며, 눈은 바라보는 양 같고, 네 나라의 임금과 같은 기풍이 있으니, 문왕(文王)이 아니라면 또 누구겠습니까!" 그러자 사양자는 자리에서 일어나 두 번을 절하며 말했다. "저도 이 곡이 문왕이 지으신 것이라 들었습니다."

공자는 음악을 배울 때 단순히 음률만 익히려 하지 않았다. 그는 음악 뒤에 숨은 배경을 알아내고 작곡한 이의 마음상태를 체득하여, 한층 더 깊이 음악을 즐기는 최고 경지에 이르렀다. 예술이란 사상이나 학술과는 달라서, 마음으로 느끼면서 깨닫고 감동하는 경우가 훨씬 많다. 그중 음악으로 도달할 수 있는 최고의 경지는 아마도 자신을 잊는 상태일 것이다. 공자는 제나라에 머무를 때 상고시대 아악(雅樂)인 〈소(韶)〉를 듣고 충격을 받아, 평소와는 다른 모습을 보였다. 심지어는 한동안 가장 좋아하던 고기를 먹으면서도 그 맛을 느끼지 못할 정도였다. 그는 〈소〉를 '아름다움과 선함의 극치'라 여겼다. 공자가 보기에 〈소〉는 듣는 이에게 우순(虞舜)시기 정치의 아름다움을 떠올리게 하고 상고시기 사람과 자연의 조화를 깨닫게 해주는 곡이었다.

음악은 감동을 전달한다. 어떤 음악은 사람들을 들뜨게 하고 어떤 음악은 사람들을 즐겁게 하며, 어떤 음악은 자신도 모르는 사이에 눈물을 흘리게 한다. 수많은 공포영화가 음악의 효과를 적절히 이용하여 미지의 위험, 불쑥불쑥 튀어나오는 함정, 생사를 알 수 없는 등장인물의 운명에 대한 불안감을 증폭시킨다.

사람마다 좋아하는 음악은 모두 다르다. 또 연령대에 따라 친숙하게 느끼는 음악 역시 천차만별이다. 그러나 음악에도 품격의 차이가 있다고 본 공자는 《논어》「위령공편」에서 이렇게 말했다. "하나라 역법을 쓰고, 은나라 수레에 타고, 주나라 면류관을 쓰고, 음악은 소무를 따르라. 정나라 음악은 내치고, 아첨꾼을 멀리하라. 정나라 음악은 음란하고, 아첨꾼은 위태롭기 때문이다."*

공자는 문화적 품격을 추구한 인물이었는데, 그중에서도 음악감상 취향은 자못 까다로웠다. 그는 임금 노릇을 하려면 정치와 사회생활에서 아무 음악이나 사용해서는 안 된다고 생각했으며, 개인의 인격 수양에서도 음악의 선택이 특히 중요하다고 여겼다.

현대사회는 공공 공간과 개인 공간의 분리를 중시하고 개인이 어떤 것을 좋아하든지 남에게 피해만 주지 않으면 취향의 문제로 취급한다. 내놓고 자랑할 만한 것이든 아니든, 업무에 방해만 되지 않는다면 이상한 취미라도 문제삼지 않는다. 그러나 공자의 시대에는 이런 식의 분리가 없었다. 그는 《논어》「태백편」에서 음악에 관해 이렇게 말했다.

---

* 안연(안회)이 공자에게 나라를 다스리는 방법을 물은 것에 대한 답변이다.

"시에서 일어나고 예에서 서며, 악에서 이루어진다." 고대 중국에서는 흔히 예와 악을 병칭했다. 이를 보면 음악이 국가 정치생활에서 매우 중요한 위치를 차지했음을 알 수 있다. 그러나 《악경》은 진나라 때 분서갱유(焚書坑儒) 과정에서 사라졌다. 공자 문하의 제자들은 공자의 말씀은 전했지만 공자의 예술능력은 거의 계승하지 못했다.

지식을 공부하는 것과 달리, 예술적 감수성은 타고난 자질이 상당히 중요하다. 그렇게 보면 아마도 증석을 제외한 다른 제자들은 풍류를 즐기는 체질이 아니었던 듯하다. 또 춘추전국시기 권력구조의 변화도 공자의 예술적 탁월함을 전승하지 못하는 데 일조했을 것이다. 시기적 상황 때문에 부드럽고 우아하고 조화를 추구하는 아름다운 음악은 중국문화에서 퇴출될 수밖에 없었으며, 대신 철과 피와 음모와 군사기술이 그 자리를 채우고 들어왔다.

지금의 관점에서 보면 엄숙한 음악을 좋아하든 로큰롤이나 재즈를 좋아하든 정치와는 별 관계가 없다. 그러나 유행하는 음악과 유행하는 문화가 국가와 사회, 군중의 사회심리를 깊이 반영한다는 사실은 부인할 수 없다. 예를 들어 권모술수의 성행은 어떤 식으로든 자기 자신을 철면피로 바꾸는 일에 관심을 갖는 이가 많아졌다는 의미다. 36계의 유행은 비즈니스 세계에서 많은 기업들이 시장 내적 요소인 신의와 명예보다는 시장 외적 요소를 중시한다는 의미다. 편법의 유행은 우리 공동체가 법치적 공민사회를 이탈할 위험성이 높다는 의미다.

일반적으로 서양의 문화학은 문화를 고급문화와 대중문화로 나눈다. 그러나 중국을 비롯해 동양에서는 이 두 가지가 명확히 분리된 적이 없다. 그래서 흔히 말하는 대로 아주 대중적인 것이 곧 매우 우아한 것도 된다는 인식이 자리를 잡았다. 그러다 보니 유감스럽게도 고급문화를 제대로 계승하지도 못하면서 대중문화는 눈에 차지 않는다고 경시하는 어설픈 소양의 소유자만 많아졌다. 이런 모습을 예견했는지 공자 또한 한탄에 가득 찬 말을 남겼다. "내가 죽은 뒤에는, 내 학설은 이을 이가 없을 것이다."

왜 이렇게 말을 어렵게 하는지 원…

"말은 다듬어지지 않으면 오래가지 못한다."

言之無文 行而不遠
언 지 무 문 행 이 불 원
—《춘추좌씨전(春秋左氏傳)》「양공 25년조」

        ❧ 아직도 많은 중국인이 "다른 모든 일은 하찮은 짓이고, 오직 독서만이 고상한 활동이다"*라는 생각을 갖고 있다. 문(文)을 숭상하는 문화가 현대에 이르러서는 고등교육기관들의 과열된 인재유치 경쟁으로 나타나고 있다. 경쟁이 과열된 결과, 비상식적으로 파격적인 우대조건을 내놓았다가 목적은 달성하지 못하고 사람들의 웃음거리만 되는 곳도 있다. 과열된 경쟁 자체를 비난하려는 것이 아니다. 문제는, 대다수의 일반 사람들이 이와 같은 '지식 추구'나 '석학 양성 및 확보' 미래 전략, 학문적 대가들의 지적 활동이 일상생활과 거리가 먼 것이라고 생각한다는 것이다.

---

* 명대 격언집 《현문(賢問)》(정식 명칭은 重訂增廣昔時賢文)에 나오는 말.

이런 맥락에서 CCTV 10채널의 〈백가강단(百家講壇)〉**의 높은 인기는 많은 시사점을 우리에게 던져준다. 예능버라이어티도 아니고 황금시간대에 방영되는 프로그램도 아닌데 어떻게 오랫동안 시청자들로부터 큰 호응을 얻을 수 있었을까? 대표적으로 다음과 같은 이유를 꼽을 수 있다. 우선, 깊이 있는 주제를 다루면서도 쉽게 풀어서 설명했다. 또 보통 시청자의 실생활에 필요한 것들을 짚어주었다. 그리고 고고하고 심오한 학문적 지식을 대중들의 눈높이에 맞춰 전달했다. 비록 일부 사람들이 〈백가강단〉을 이러쿵저러쿵 비판하지만 그들은 학문이 본래 실생활을 위해 존재하는 것임을 모르고 있다.

공자가 살았던 시대의 분위기나 공자의 사상에는 학문의 전문화나 학자의 특권의식은 없었다. 그가 학생을 모집한 것은 결코 돈을 벌기 위해서가 아니었다. 공자는 제자들에게 자신의 학문적 깊이가 얼마나 대단한지를 과시하려 하지 않았다. 오히려 지식의 보편화와 대중적 표현법을 강조했다. 그는 이렇게 지적했다. "말은 다듬어지지 않으면 오래가지 못한다." 어떤 전문 저작물이 너무 추상적으로 쓰이면, 대중이 반기지 않으므로 널리 보급되지 못한다는 의미다. 자연과학 분야는 다를 수 있다. 아인슈타인의 상대성이론을 모두 알고 있지만 제대로 이해하는 사람이 과연 몇 명이나 될까. 그러나 생활과 밀접하게 연관된 인문과학이나 사회과학의 경우는 다르다. 고답적인 문체와 추상적이고 애매한 서술로 일관한다면 누구도 어떤 이론과 주장에 동의하지 못

** 2001년에 시작된 인문 교양 프로그램. 중국의 경제성장과 함께 인문교양에 대한 수요가 늘어나면서 인기가 높아지고 있다.

할 것이다.

만일 공자가 현대에 나타난다면 아마도 강의 실력이 뛰어난 교사로 평가받았을 것이다. 또 기회가 되어 〈백가강단〉에 출연한다면 각지에 팬이 생길 것이 틀림없다. 개인적 생각이지만, 공자는 인터넷 게시판에도 지대한 관심을 보일 것 같다. 그곳에서는 자신의 열정과 냉철한 이성, 유머와 해학을 통해 최대한 많은 이에게 영향을 미칠 수 있기 때문이다.

오늘날의 지식인 중에는 자신만의 좁은 전문분야에 빠져 헤어나오지 못하는 이가 얼마나 많은가.(이런 부류의 학자 중에는 상당히 존경받는 인물도 있다.) 그리고 그들은 얼마나 고상한 저작들을 쓰고 있으신가.

어느 네티즌은 이렇게 평했다. 만일 역사 교사가 모두 이중톈(易中天)*** 같다면, 수업시간 중에 주공(周公)을 만날 일은 없을 것이다.****

*** 샤먼 대학(夏門大學) 인문학부 교수. 〈백가강단〉의 삼국지 강의로 폭발적인 인기를 얻어 인세 수입만으로 중국 100대 부호에 포함되기도 했다.
**** '주공을 만나다'라는 표현은 공자가 꿈속에서 가끔 주공을 만났다는 고사에 빗대 (수업이 재미없어서) 꾸벅꾸벅 존다는 의미로 사용.

읽으면서 생각하고 생각하면서 읽게

"배우기만 하고 생각하지 않으면 어두워지고, 생각하기만 하고 배우지 않으면 위태롭다."

學而不思則罔 思而不學則殆
학 이 불 사 즉 망   사 이 불 학 즉 태
—《논어》「위정편」

🌸 간단하게 생각하면, 인재의 요건은 품성과 재능 두 가지다. 가장 좋은 인재란 당연히 품성과 재능을 겸비한 인물이다. 전통적 인재관에서 보면 재능은 없어도 품성이 좋으면 괜찮지만, 재능은 있으나 품성이 갖춰지지 않은 사람은 환영받지 못했다. 재능도 없고 품성도 나쁜 사람은 자연히 고려의 대상조차 되지 못했다. 달리 보면, 품성이 훌륭한 이들의 상당수가 품성이 두드러져 보이는 까닭은 딱히 재능이랄 것이 없기 때문일 수도 있다. 이런 사람들은 선조가 닦아놓은 기반을 지키고 유지할 수는 있지만, 새로운 국면을 열어가거나 새로운 세상을 창조할 수는 없다. 왜 이들에게는 재능이 없을까? 당연히 공부가 부족하기 때문이다.

품성은 때로 사람의 천성과 관계가 깊다. 품성은 흔히 일상생활 속에서 은연중 몸에 밴다. 그러나 재능은 이런 식으로는 얻을 수 없다. 재능을 키우려면 정력과 대가를 충분히 지불하고 배워야만 한다.

배움의 기본방식은 독서다. 그러나 독서 역시 오류가 있을 수 있다. 공자도 《논어》「위정편」에서 독서의 폐해를 언급한 적이 있다. "배우기만 하고 생각하지 않으면 어두워지고, 생각하기만 하고 배우지 않으면 위태롭다." 오늘날의 표현대로 이야기하면, "독서만 하고 사고하는 훈련을 하지 않으면 사고능력이 흐리멍덩해지고, 공상에만 빠져 독서를 게을리하면 위험하다." 이것은 공자가 참된 지혜를 얻는 과정에 관해 명백히 밝힌 것이다.

배움(學), 생각(思), 어두움(罔), 위태로움(殆), 이 네 글자 중 '학(學)'은 본받고 이해하는 것을 중시한다. 곧 보고 들음으로써 얻는 지식이다. '사(思)'는 사고능력을 의미하며 가려내고 판단하는 것을 중시한다. 곧 사유활동을 통해 얻는 지식이다. '망(罔)'은 본래 그물을 의미하는 글자였는데, 의미가 확장되어 덮어 가린다, 구속한다는 뜻을 갖게 되었다. 이 글자는 또한 '미혹되다' '곤혹스럽다'의 의미를 가진 '망(惘)'자와도 통한다. '태(殆)'는 '위험' '불안' '결핍'의 의미를 갖는 글자다.

이렇게 네 글자의 의미를 종합해보면, 참된 지식에 이르는 방법에 관한 공자의 생각을 확실히 이해할 수 있다. 오로지 공부에만 매달리고 옛사람을 본받는 것에만 치중한 나머지 자신에 대한 분석과 판단을 소홀히 하면, 기존 사상에 얽매여 한계가 생긴다. 옛사람들의 생각이 비록 상당 부분 유익하고 정확하긴 해도 완벽할 수는 없다. 게다가 옛사람들도 해결하지 못한 문제들이 여전히 우리의 연구주제로 남아 있다. 그러므로 옛사람들의 생각에만 얽매이면 편견에 빠지기 쉽다.

그렇다고 무턱대고 옛것이라고 터부시해서도 안 된다. 수많은 문제에 대해 이미 옛사람들은 해답을 남겨두었다. 그들은 해답을 찾는 과정에서 수많은 시행착오와 수정을 거쳐 비로소 정확한 답에 도달했다. 이를 무시하고 오로지 자신의 사색에만 의존하여 옛사람들을 본받는 법을 모른다면, 잘못된 길로 빠질 수 있다. 그러면 정력을 낭비하고 심지어는 잘못된 생각에 물들어 신세를 망칠 수도 있다.

공자의 주장은 명확하다. 책읽기만 하고 생각하지 않는 이는 죽은 독서를 하는 책벌레에 지나지 않고, 공상에만 빠져 책읽기를 등한히 하는 이는 환상에 빠지는 공상가라는 것이다. 이 가운데 책벌레는 진부하여 이루는 것이 없고, 공상가는 맹목적으로 자신을 믿어 해서는 안 될 일을 시도한다.

진정한 교양인이 되려면 독서 능력과 사고력을 겸비해야 한다. 젊은이들은 아직 미숙하고 경솔하여 독서할 때도 어설프게 이해한 상태에서 자신이 내용을 오롯이 파악했고 뭐든지 다 해낼 수 있다는 착각에 빠진다. 하지만 이들의 머릿속에는 대개 다른 이의 핵심 이론들이 어지럽게 뒤섞여 있다. 결국 자신의 주관이 뚜렷이 없는 상태에서 외부 영향을 필요이상으로 받다보니 머릿속이 어지러운 것이다.

오늘날 대다수 청년은 모두 어린아이와 같은 순수한 마음으로 자신의 능력을 발휘하고 뜻을 펼 기회가 오길 희망한다. 그러나 자녀에게 과도한 기대를 품는 일부 부모들로 인해 학교는 진학률을 높이려고 주입식 교육에 몰두한다. 그 결과, 주입식 교육에 적응한 아이들은 생각할 줄 모르는 책벌레가 되고, 꿈을 펼 기회도 갖지 못한 아이들은 사회

부적응자가 된다.

공자는 오래전에 이미 바람직한 사람을 길러내는 사상과 방법을 제시했다. 오늘날의 교육시스템이 가진 문제점을 해결하고자 한다면 공자의 교육관과 교수법을 면밀히 살펴보기를 권한다.

누구를 위해 공부하는가

"옛날의 배우는 이들은 자신을 위했으나, 오늘날 배우는 이들은 남을 위한다."

古之學者爲己 今之學者爲人
고 지 학 자 위 기　금 지 학 자 위 인
―《논어》「헌문편」

　　　　　　　　❀　"공부를 왜 할까?" "이걸 공부해서 어디다 써먹지?" 공자는 당연히 이 문제에 주목하여 이렇게 말했다. "옛날의 배우는 이들은 자신을 위했으나, 오늘날 배우는 이들은 남을 위하는구나." 풀어보면 이런 말이다. '예전에는 배움을 추구하는 이들은 자신을 충실하게 하려고 공부했는데, 오늘날 배움을 추구하는 이들은 이름을 팔아 명예를 얻는 목적으로 공부한다.'
　　이 말은 오늘날 현실에 비춰봐도 요즘 학생들이 공부하는 이유와 목적을 여지없이 꼬집고 있다. '나는 공부를 하고 싶은가, 공부를 해야만 하나?' 하고 싶은 공부라면 자신을 위한 것이고, 해야만 하는 공부라면 남을 위한 것이다.

자신을 위해(爲己), 혹은 남을 위해(爲人), 한 글자 차이지만 그 차이는 아주 명백하다. 자신을 위해 공부하는 자는 자기계발에 충실할 뿐 아니라 풍류를 온전히 즐기고 "남들이 자신을 알아주지 않더라도 화내지 않는다." "배우고 때로 익히면 또한 즐겁지 아니한가?"의 경지에 도달해 있다. 반면 남을 위해 공부하는 자는 허세를 부려 자신을 과시하고 다른 사람을 놀라게 할 목적으로 공부한다. 그러므로 진지한 태도로 박학다식한 척하면서 교묘한 말솜씨와 꾸민 낯빛으로 다른 사람의 기분을 맞출 뿐이다.

옛날 학자들은 오로지 자신의 발전을 위해 공부했고, 현대 학자들은 완전히 남을 위해 공부한다고 할 수는 없다. 어느 시대든 남을 위해 공부하는 사람과 자신을 위해 공부하는 사람은 항상 존재한다. 그렇다면 당신 스스로에게 물어보라. 나는 나를 위해 공부하는가, 남을 위해 공부하는가? 이것은 공부의 목적, 학습 태도의 문제다.

하나는 공부의 목적을 '자신을 위한' 것으로 정의하고, 다른 하나는 '남을 위한' 것으로 정의한다. 보통 자신을 위한다는 말은 이기적 동기를 가리킨다. 하지만 남을 위한다는 말은 대중, 바꿔 말하면 공공의 이익을 의미한다. "옛날의 배우는 이들은 자기를 위했다"는 말은 옛사람들이 자신을 위해 학문을 닦았다는 의미이고, "오늘날 배우는 이들은 남을 위한다"는 말은 현대인들은 남을 위해 학문을 연구한다는 의미로도 해석 가능하다. 그래서 표면적인 의미로만 본다면 후세인들이 학문을 하는 자세가 옛사람들보다 더 훌륭하다고 할 수도 있다. 왜냐하면 자신을 위하지 않고 다른 사람들을 위해 봉사하는 차원에 이르렀기 때문이다. 물론 이것은 또다른 해석에 불과하다.

오늘날의 교육은 '적성에 따른 교육'을 강조한다. 각자의 다른 성격과 취향, 자신이 좋아하는 것을 고려해 각자가 끌리는 분야를 집중적으로 가르친다. 당사자가 좋아하지 않는 것을 억지로 가르칠 필요가 없다고 여긴다. 예를 들어 성격이 활발하고 동적인 사람이라면 억지로 고전문헌 고증 따위를 가르쳐서는 안 된다는 말이다. 반면 내향적이고 조용한 사람이라면 무리하게 인간관계를 넓히도록 몰아붙여서는 안 된다. 사실 공자의 사상에도 이런 경향이 나타난다. 공부란 결국 자신을 위한 것이니 자신에게 맞춘다는 사고방식이다. 그러나 교육에 대한 중국 사회의 풍토는 그다지 변화하지 않았다. 공부를 못하면(소위 시험 성적이 나쁘면) 부모에게 야단 맞고 비웃음을 산다. 대학 입시에서 실패하면 그 부모는 체면이 깎인다. 이런 상황이 전개되면 또 이 질문이 수면위로 올라온다. "나는 누구를 위해 공부하는 거지?"

여전히 졸업장을 따기 위해 공부하는 사람들이 있다. 그러나 졸업장이 곧 공부 목표인가? 16년을 학업에 매진했는데(초등학교 6년, 중고등학교 6년, 대학교 4년) 자신을 위해서도 아니고 그렇다고 남을 위해서도 아니고, 결국 한 장의 종이를 얻으려고 그토록 시간과 정력을 쏟았다면 얼마나 우스운 일인가?

글을 읽고 공부하는 일이 오직 자신만을 위한 것이라 보았다면, 공자는 굳이 《논어》를 통해 새삼 강조하지 않았을 것이다. 송나라 때의 유명한 유학자 장재(張載)는 이렇게 말했다. "세상을 위해 뜻을 세우고 백성을 위해 힘을 다하며, 성인을 위해 끊어진 학문을 되살리고 후세 만대를 위해 태평한 세상을 열어간다." 이 명언은 송대 이후 중국 지식인의 공통 목표가 되었다. 공부하는 이는 마땅히 이 목표를 위해 공부해야 한다.

공자의 말은 여러 가지 중복된 함의를 지니고 있다. 일단 이름을 날리는 것에 얽매이지 말고 자신이 흥미를 느끼는 것을 공부하라는 의미로 해석할 수 있다. 다른 한편으로는 한 걸음 더 나아가, 개인의 만족을 위해서만이 아니라 세상 사람 모두를 위해 봉사하는 목적으로 공부하라는 의미로 이해할 수도 있다.

날마다 달마다 달라지는 자신을 꿈꾸게

"날마다 그 모르는 바를 알아가고, 달마다 할 수 있는 바를 잊지 아니하면, 가히 배우기를 좋아한다고 말할 수 있다."

日知其所亡 月無忘其所能 可謂好學也已矣
일 지 기 소 망 월 무 망 기 소 능 가 위 호 학 야 이 의
─《논어》「자장편」

자하는 공자 문하의 십대 제자 중 한 명으로 꼽히는 유명한 제자다. 그는 공자보다 마흔네 살 연하였는데, 공자의 후기 제자 중 걸출한 인물로 꼽힌다. 재주와 생각이 민첩하고 글솜씨가 훌륭하여 공자는 여러 차례 그를 '문학' 분야의 우등생으로 평가했다.

자하의 능력은 다른 사람보다 두드러져 《논어》에도 그의 유명한 격언이 많이 남아 있다. 예를 들면 "널리 배우고 뜻을 돈독히 하며, 간절히 묻고 가까이 생각하면 그중에 인이 있다." "기술자들은 일터에서 그들의 일을 해내고, 군자는 배움으로써 그 도에 이른다." "모르는 것을 날마다 알아가고 달마다 능한 것을 잊지 않으면 가히 학문을 좋아

한다 할 만하다." "비록 작은 기예라도 반드시 눈여겨볼 만한 것이 있다." "벼슬을 하다가도 여력이 있으면 학문을 하고, 학문을 하다가도 여력이 있으면 벼슬을 한다." 등이다.

하루는 공자와 자하가 '학문을 좋아한다'고 할 수 있는 수준에 대해서 토론을 벌였다. 이때 자하는 지금까지도 입에 오르내리는 명언을 남겼다. "날마다 그 모르는 바를 알아가고 달마다 할 수 있는 바를 잊지 아니하면, 가히 배우기를 좋아한다고 말할 수 있다." 풀어 말하면 다음과 같은 의미다. '만일 어떤 학생이 매일 낮에 자신이 미처 이해하지 못했던 지식을 습득하고 낮에 습득한 지식을 밤이 되어도 잊지 않는다면, 그 학생은 공부를 좋아하는 학생이라 부를 만하다.'*

공자는 자기 자신를 '배움을 좋아하는 이'라 평했다. 아울러 제자 중에서는 오직 안회만이 학문을 좋아하는 이라 부를 수 있다고 여겼다. 공자는 평소 학문을 좋아하는 품성을 대단히 높게 평가했다. 그러나 공자는 어떻게 하면 학문을 좋아하는 경지에 이르는지는 언급하지 않았다. 오히려 학문을 좋아하는 것은 지식의 누적이며, 부단히 누적해야 한다는 점을 구체적으로 강조한 사람은 자하다. 매일 배우고 그것을 꾸준히 지속하여 날이 가고 달이 가도록 쌓이면, 마치 나무가 성장하는 것처럼 당장은 보이지 않지만 점점 커져서 큰 성과를 낸다. 날마다 달마다 나아진다는 생각은 비록 간단한 이치지만, 학문의 정수라 하겠다.

---

* 저자는 '月'을 낮에 대응하는 개념의 '밤'으로 해석했다. 그러나 논어 연구가들의 사이에서는 '한 달'의 의미로 해석하는 것이 보편적이다.

현대사회의 경쟁은 날이 갈수록 치열해지고 있다. 오늘은 첨단이었던 것이 내일은 바로 구(舊)버전이 된다. 이렇게 빠른 속도로 발전하는 시대에 날마다 달마다 나아진다는 자세는 우리에게 절실히 필요하다. 기업만이 아니라 개인 역시 끊임없이 한계를 넘어서고 새로운 것을 만들어내며 새로운 지식을 흡수해야 한다. 이것은 자하가 우리 현대인에게 전하는 메시지다.

세계 경제가 끊임없이 발전하고 현대과학이 하루가 다르게 발전하는 상황에서 IBM은 지속적으로 나아진다는 정책을 펴서, 항상 예전 수준을 넘어서는 기술과 뛰어난 경영관리와 독창적인 제품으로 정보통신산업의 발전을 선도해왔다. 직원과 고객, 심지어는 경쟁사조차 존경하는 자세, 꾸준히 탁월함을 추구하는 자세, 항상 창조성을 중시하는 자세, 멀리 내다보는 시각에 대한 존중, 전략적 조치, 이런 강점들이 IBM을 위대한 기업으로 키워냈다.

단순히 고객서비스 쪽에서만 보더라도, IBM의 고객서비스는 시대에 따라 모양을 달리해왔다. 1980년대에는 하드웨어 위주였고 유지보수 서비스는 부수적이었다. 그러다 1990년대에 들어오면서 고객 위주 패러다임이 도입되었으며 1990년대 중반 이후부터는 고객의 요구에 따라 서비스를 발전시켜왔다. 지금은 고객과 단순히 구매자와 판매자를 넘어 전략적 합작 파트너의 관계로 크게 발전했다. IBM은 직원들에게 끊임없이 다음 사항을 숙지하도록 교육한다. 당신의 고객은 누구인가? 상대방은 회사 내 누구의 고객인가? 고객이 지금 원하는 것과 향후 개선되길 원하는 것은 무엇인가? 할 수 있는 모든 방법으로 서비스를 제공하고 있는가? 고객이 계속 IBM 제품과 서비스를 이용하게 유도하고 있는가? 고객에게 친절하게 대하고 있는가?

'삶에는 끝이 있지만 배움에는 끝이 없다'는 사고는 오늘을 사는 우리에게도 유효하다. "열심히 공부하고 날마다 발전하자." 한 문장으로 정리된 이 문구만 보더라도 유학에서 말하는 공부 방법, 공부에 임하는 마음가짐은 여전히 이 시대가 원하고 외치는 미래전략이다.

이런 사람과는 인연을 끊게

"좌구명은 교묘한 말과 꾸민 표정, 지나친 공손함을 부끄럽게 여겼
는데 구(丘, 공자의 본명)도 부끄럽게 여긴다."

巧言 令色 足恭 左丘明耻之 丘亦耻之
교 언 영 색 주 공 좌 구 명 치 지 구 역 치 지
—《논어》「공야장편」

    ❀ 사회의 일원이 되면, 각층의 사람과
만나게 되고 친구가 생기게 된다. 그때 멀리해야 할 사람들은 어떤 이
들인가? 공자는 "말을 교묘히 하고 표정을 꾸미며 지나치게 공손한 이
들을 멀리하라"라고 말했다.

    《논어》「공야장편」에는 이런 구절이 있다. "좌구명은 교묘한 말과
꾸민 표정, 지나친 공손함을 부끄럽게 여겼는데 구(丘, 공자의 본명)도
부끄럽게 여긴다." 풀어 말하면, 달콤한 말과 비위를 맞추려고 지어낸
표정, 필요 이상으로 겸손하고 공경하는 태도를 좌구명은 부끄러운 짓
이라 생각했는데, 공자 자신도 부끄러운 짓이라 생각한다는 뜻이다.
좌구명과 공자는 어떤 사람에게 원한을 품고 있으면서도 겉으로는 호

의를 나타내며 다가가는 것을 수치스러운 행위로 여겼다.

흔히 친구를 보면 그 사람과 그 사람의 삶의 태도를 알 수 있다고 한다. 일리 있는 말이다. 친구를 고른다는 것은 곧 어떤 삶의 방식을 선택한다는 의미이기 때문이다. 예를 들어 컴퓨터게임에 빠졌다면, 세상의 모든 컴퓨터게임 마니아들을 친구로 삼으려 할 것이다. 계속 메일을 교환하면서 게임과 관련된 최신 정보를 나누고 소프트웨어 개발 회사의 동향을 묻고 혹은 사적인 이야기까지도 털어놓게 된다. 이런 식으로 게임업체 사장부터 이제 막 게임에 입문한 꼬마까지 방방곡곡의 사람들이 친교를 맺어 한 집단이 된다. 또 다도에 푹 빠졌다면, 자연스럽게 차에 관한 것들을 열심히 화제로 삼으면서 다도를 잘 아는 사람과 친해지려고 노력한다.

친구는 신중하게 사귀어야 한다. 예로부터 품성에 문제가 있는 사람을 사귀었다가 곤경에 빠지고 심지어 목숨까지 잃은 경우가 얼마나 많은가. 맹자는 이 문제와 관련하여 날카로운 논설을 펼쳤다.

봉몽(逢蒙)이 예(羿)에게 활쏘기를 배웠다. 예의 기술을 모두 배우고 나서 봉몽은 이제 천하에 자신보다 뛰어난 사람은 스승 예밖에 없다고 생각하여 그를 죽여버렸다. 맹자는 이 사건을 평하며 "후예 자신도 어느 정도는 책임이 있습니다"라고 말했다. 그러나 공명의(公明儀)는 "예 에게는 잘못이 없는 것 같습니다"라고 했다.

그러자 맹자는 "잘못이 크지 않다고 할 수는 있을망정 어떻게 없다고 할 수 있습니까? 정나라가 자탁유자(子濯孺子)를 보내 위(衛)나라를 공격했을 때 위나라는 유공지사(庾公之斯)를 보내 그를 추격하게 했습니다. 자탁유자가 말했습니다. '오늘은 몸이 아파 활을 잡지 못하겠으니 나는 죽겠구나.' 그리고 잠시 후 마부에게 물었습니다. '추격하는 자가 누구냐?' 마부가 대답했습니다. '유공지사입니다.' 자탁유자는 그 말을 듣고 안심했습니다. '이제 살았구나!' 마부가 이상하게 여기고 물었습니다. '유공지사는 위나라에서 이름난 명사수인데, 나리께서 이제 살았다고 하시니 무슨 말씀이십니까?' 자탁유자가 대답했습니다. '유공지사는 윤공지타(尹公之他)에게 활쏘기를 배웠고, 윤공지타는 나에게 활쏘기를 배웠다. 윤공지타는 품행이 바른 사람이다. 그가 사귄 친구라면 반드시 품행이 바를 것이다. 품행이 바른 사람이 스승뻘 되는 나를 죽일 리 없다.' 잠시 후 유공지사가 쫓아와서 물었습니다. '왜 활을 잡지 않으셨소?' 자탁유자가 대답했습니다. '오늘은 몸이 아파 활을 잡지 못하오.' 유공지사가 말했습니다. '저는 윤공지타 선생님께 활쏘기를 배웠고, 선생님은 어르신께 활쏘기를 배웠습니다. 저는 차마 어르신의 기술로 어르신을 해치지 못하겠습니다. 하지만 오늘 여기까지 온 것은 임금의 명령입니다. 감히 제 마음대로 그만둘 수가 없습니다.' 그러고는 화살을 뽑아 수레바퀴에 몇 차례 두드려 촉을 뽑아내고는 네 대를 쏘고 돌아갔습니다.”

후예는 자신의 죽음에 어느 정도는 책임이 있다. 품성이 덜된 사람과 인연을 맺은 것은 바로 자신이기 때문이다. 오늘날 많은 사람이 친구를 사귈 때 후예와 같은 실수를 범한다. 그들은 달콤한 말을 속삭이는 이들을 좋아한다. 그러나 어려움이 닥쳤을 때 이런 소인들은 그 틈을 타 해를 가한다.

예로부터 천자에서 서민에 이르기까지 친구의 도움을 받지 않고 성공한 사례는 없다. 그러나 교우관계는 반드시 덕으로 이루어져야 한다. 그래야만 서로 이익을 보며, 협력하고 보완하여 각자의 장점을 발휘할 수 있다. 친구란 솔직하고 담백해서 서로의 잘못을 거리낌없이 지적해줄 수 있는 사람이어야 한다. 친구란 이해심이 많아 마음속 진심을 알아줄 수 있는 사람이어야 한다. 또한 아는 것이 많아 지혜와 깨우침을 얻을 수 있는 사람이어야 한다. 아첨하고 비위를 맞추는 데 능한 사람, 앞에서는 공손하지만 안 보이는 데에서 비방하는 사람, 화려하고 달콤한 말만 일삼는 사람은 마땅히 장점만 취하고 거리를 두어야 한다. 사귀는 이의 사람됨을 가리지 못하여 자신의 품성을 해치고 우환을 초래하는 일은 없어야 한다.

공부의 핵심은 바로 이것이네

"널리 배우고 뜻을 돈독히 하며, 간절히 묻고 가까이 생각하라."

博學而篤志 切問而近思
박 학 이 독 지 절 문 이 근 사

―《논어》 「자장편」

          ❀ "널리 배우고 뜻을 돈독히 하며, 간절
히 묻고 가까이 생각하라." 이 문구는 푸단 대학(復旦大學)의 슬로건이
다. 학교의 건학정신과 교육이념을 표현하는 동시에 학문에 대한 푸단
대학 학생들의 자세를 보여주기도 한다. 더불어 학생들에게 재학기간
동안 무엇을 해야 하며 자신을 어떤 인재로 발전시켜야 하는지도 알려
준다.

    "널리 배우고 뜻을 돈독히 한다"는 말은, 학생들에게 광범위한 지
식을 습득하고 인간관계든 공부든 뜻을 굳건히 할 것을 요구한다. 아
울러 세운 뜻에 집중하고 이해관계나 시류에 따라 오락가락하지 말고
어떤 어려움에도 끝까지 분투할 것을 요구한다.

    "간절히 묻고 가까이 생각한다"는 것은 공부하는 자세에 대한 가

르침이다. 노벨상 수상자 리정다오(李政道) 원사(院士)는 공부의 핵심은 어떻게 질문을 던지느냐에 달려 있다고 말했다. 질문이 정확하다면 정확한 답을 얻는다. 이른바 '간절히 묻는다'는 것은 곧 항상 질문을 던질 뿐만 아니라 적절한 질문을 하는 것이다. 또한 '가까이 생각한다'는 것은 문제를 항상 머릿속에 담아두고 평소에 계속 생각하는 습관을 들이는 것이다. 리정다오는 푸단 대학 학생들에게 이렇게 말했다. "여러분이 자신을 믿기 위해서는 '의지'라는 단어를 마음에 새겨야 합니다. 여러분의 의지는 무엇입니까? 마음이 어느 방향으로 끌립니까? 여러분이 바라는 것은 무엇입니까? 장차 어떤 일을 하고 싶습니까? 젊은이라면 반드시 생각해야 할 문제들입니다."

"널리 배우고 뜻을 돈독히 하며, 간절히 묻고 가까이 생각하라"는 말은 《논어》「자장편」에 나오는 말이다. 이 말의 속뜻은 이러하다. '만일 어떤 사람이 노력하여 폭넓은 지식과 굳은 의지를 갖추고 적극적으로 문제를 제기하고 적극적으로 사고한다면, 완전한 도덕적 품성을 갖춘 인간일 것이다.'

주희는 《논어집주》에서 이렇게 설명했다. "이 네 가지는 모두 배우고 묻고 생각하고 분별하는 일이니, 힘써 행함에 미치지 않아도 어진 것이 된다. 그러나 이를 힘써 실천하면 마음이 밖으로 흩어지지 아니하여 품성이 스스로 완숙해질 것이다. 그런고로 말하기를 '어진 것이 그 가운데에 있다'고 했다. 정자가 말하기를 '널리 배우고 뜻을 두텁게 하여 절실히 묻고 가깝게 생각하면 어찌 어진 것이 그 가운데에 있다고 말하겠는가? 배우는 자가 생각해 얻어야 한다. 생각해 얻은 것으로 위로 통하고 아래로 통하는 도를 알아야 할 것이다.' 또 말하기를 '배움이 넓지 않으면 능히 간략함을 지키지 못하고, 뜻이 두텁지 못하면 능히 힘써 행하지 못한다. 스스로 절실히 묻고 가까이 생각하는 자는 어짊이 그 가운데에 있다.' 또 말하기를 '가까이 생각한다는 것은 어떤 것을 비슷한 것으로 추측할 줄 안다는 것'이라고 했다. 소씨가 말하기를 '널리 배우고 뜻이 두텁지 못하면 그 뜻이 비록 커도 이루는 바가 없고, 널리 묻고 멀리 생각하면 곧 수고롭기만 하고 공이 없다.'"

오늘날의 표현으로 풀어보면 이런 의미가 된다. 폭넓게 공부하고 추구하는 목표가 있다면 이를 '널리 배우고 뜻이 두텁다'라고 부를 만하다. 질문을 많이 하지만 비현실적으로 이상만 높거나 허황한 공상에 빠지지 않고, 현실을 충분히 고려하여 자신의 상황과 밀접하게 관련된 일들을 많이 생각하면 이를 '간절히 묻고 가까이 생각한다'라 부를 수 있다. 공부의 핵심은 스스로 경험하는 데 있다. 반드시 자신과 관련된 것을 묻고, 현실적인 문제를 생각해야 한다.

어느 거리에 세 명의 신발공이 수리점을 열었다. 그들은 모두 자신의 가게가 가장 많이 손님을 끌 거라고 생각했다.

첫째 신발공은 큰 간판을 내걸고 이렇게 썼다. '이 지역에서 가장 훌륭한 신발공'

둘째 신발공은 그것을 보고 자신은 그것보다 격이 높아야겠다고 생각해서 더 큰 간판을 내걸었다. 거기에는 이렇게 쓰여 있었다. '전국에서 가장 훌륭한 신발공'

셋째 신발공은 생각에 생각을 거듭했다. 이런 식이면 나는 세계에서 가장 훌륭한 신발공이라고 써야 하나? 한참을 생각한 끝에 결국 그는 아주 작은 간판을 만들어 내걸었다. 그 결과 거리를 오가는 손님들은 모두 그의 가게로 몰려들었고, 다른 두 가게는 파리만 날리게 되었다. 마지막 신발공은 간판에 뭐라고 썼을까? 거기에는 이렇게 적혀 있었다. '이 거리에서 가장 훌륭한 신발공'

셋째 신발공은 시선을 눈앞으로 돌려 피부에 와 닿는 조치를 취했지만, 오히려 사람들에게 인정을 받았다. 공부는 물론이거니와 다른 모든 일도 이와 마찬가지다. 현실과 호흡하며 일상생활 속에서 다양한 각종 지식을 배우고 배운 것들을 열심히 몸에 익히며, 사회 현실에 밀착된 관심사를 가지고, 자신이 몸소 경험한 것으로 문제를 해결해나가면 된다.

당연히 사고 과정은 곧 배움의 과정이다. 특히 배운 지식을 현실에 맞춰 소화하는 과정은 배움을 현실에 적용하는 학습정신을 체현하는 기회다. "널리 배우고 뜻을 돈독히 하며 간절히 묻고 가까이 생각하기"는 곧 실천과 함께하는 공부가 가장 좋은 방법임을 말한다. 현실과 동떨어진 학문, 배운 지식을 자신과 관계없는 상황에 써먹으려 하는 것은 공부에 아무 도움도 줄 수 없다. 공부를 할 수 있고 배운 것을 적용할 수 있으며 그것을 행동을 옮길 수 있다면, 자연히 공자가 말한 '인'의 덕목에 부합한다.

함부로 장담하지 말게

"말하는 것을 부끄러워하지 않으면, 행하는 것이 어렵다."

其言之不怍 其爲之也難
기 언 지 부 작   기 위 지 야 난
—《논어》「헌문편」

❧ 사람들은 왜 허풍을 떨기를 좋아하는가? 말하기는 쉽지만 실행하기는 어렵기 때문이다. 아무개 국장을 잘 알고, 아무개 사장과 절친한 친구라 떠들다 보면 주변 사람들의 부러워하는 시선에 황홀해지기 마련이다. 이런 식으로 허풍은 어떤 이들에게 만족감을 준다. 입만 열면 물 흐르듯 거침없이 말이 쏟아져나와 그칠 줄을 모른다. 달변가가 되어 그야말로 천하에 자신의 입밖에 존재하지 않는 듯한 착각에 빠진다.

송나라 때 양박(楊璞)이라는 인물이 있었다. 그는 하찮은 재주도 없으면서 감히 동야(東野) 유민*이라 자칭하고 다녔다. 당시 송의 진종(眞宗)은 애타게 인재를 찾고 있었는데, 한 명도 추천하지 못하면 벌을 받을까 두려웠던 지방 관리가 양박의 허풍만 믿고 그를 천거했다. 황제의 면전에 나아가게 된 양박은 완전히 밑천이 드러나버려 아무 말도 할 수 없었다. 진종은 가난한 늙은이가 쭈뼛쭈뼛하는 모습을 불쌍히 여기고 특별히 호의를 베풀어 다음날까지 시 한 수를 지어 제출하도록 했다. 양박은 밤새 잠을 이루지 못하고 뒤척이며 수염을 쥐어뜯었지만 시상(詩想)은 한 글자도 떠오르지 않았다. 상황이 급박해지자 갑자기 집을 나설 때 마누라가 작별하며 당부했던 말이 떠올랐다. 양박은 얼른 그 말을 시구에 맞춰 제출했다.

낙담하여 술 마시는 짓일랑 다시는 하지 마소.
시 읊는다고 멋대로 횡설수설하지도 마시구려.
오늘 붙잡혀 관가에 끌려갔다가
늙은 목숨(老頭皮) 끊어져 돌아오면 어찌하려고.

진종은 그가 제출한 시를 보더니 껄껄 웃으며 누가 지은 것인지 물었다. 양박은 집을 나설 때 마누라가 해준 당부라고 고분고분 사실대로 털어놓았다. 진종은 네 마누라의 지아비 걱정을 봐서 이 천하의 허풍쟁이를 이번에는 봐주겠지만, 계속 허풍을 친다면 네 늙은 머릿가죽(老頭皮)을 벗겨버리겠노라고 꾸짖었다.

대개 말의 신뢰도는 사후에 일이 이루어진 정도를 보고 판별할 수 있지만, 사전에 알 수 있다면 이보다 더 좋을 수는 없을 것이다. 이 문

---

* 동야씨는 주공의 맏아들이자 노나라 시조인 백금(伯禽)의 셋째아들에서 비롯한 성이다. 문화적으로 유서 깊은 고귀한 혈통의 후예라는 의미.

제에 관해서도 공자는 훌륭한 힌트를 주었다. "말하는 것을 부끄러워하지 않으면, 행하는 것이 어렵다." 풀어 말하면, 허풍을 떨고도 얼굴이 붉어지지 않고 심장이 두근거리지 않는 사람은 자신이 한 말을 이행하기 어렵다는 의미다. 하긴, 정말로 해낼 자신이 있다면 굳이 허풍을 떨지도 않겠지만 말이다.

부끄러워하지 않고 큰소리 치기는 쉽다. 그러나 살펴야 할 것은 '일을 깔끔하게 마무리할 능력이 있느냐'이다. 일반적으로 흔히 자신감에 차 있고 목소리 높여 말하는 사람일수록, 말의 신뢰도는 떨어지고 자신이 약속한 것을 실행하는 비율도 낮다. 그러므로 부끄러워하지 않고 큰소리를 치는 것은 그만큼 행동으로 옮길 뜻이 없다는 의미이므로, 그 말이 실현되기 어려울 것으로 보면 틀림없다.

더 많은 사람이 허풍의 함정에 빠지는 것을 막고자 공자는 제자들에게 이렇게 경계했다. "군자는 그 말이 행동을 지나치는 것을 수치스러워한다." 풀어 말하면 이런 의미다. '군자는 말이 실제를 넘는 것, 즉 큰소리를 치고 나서 행동으로 실천하지 못하는 것을 부끄러워한다.'

그러므로 말은 자신의 실제 능력치를 넘어서는 안 된다. 해낼 수 없는 일이라면 처음부터 떠벌리지 말라. 이 말처럼 우리 역시 다른 사람의 허풍을 가려내고 자신도 최대한 허풍을 떨지 말아야 한다.

참고문헌

1 양보쥔(楊伯峻) 역주, 《논어역주》, 중화서국, 2009.

2 양룬건(楊潤根), 《논어의 발견》, 화샤출판사, 2007.

3 린위탕(林語堂), 《공자의 지혜》, 장쑤문예출판사, 2009.

4 푸페이룽(傅佩榮), 《논어읽기》, 상하이싼롄서점, 2007.

5 지장훙(季江紅) 주편, 《논어》, 윈난교육출판사, 2008.

6 쑨친산(孫欽善), 《논어 기초해석》, 생활 · 독서 · 신지식싼롄서점, 2009.

7 시모무라 고진(下村湖人), 쿵판예(孔繁葉) 옮김, 리창수(栗强疏) 논평 《마음으로 읽는 논어 이야기》, 셴좡서국, 2007. / 한국어판 《논어》(부제: 성인 공자의 일생을 지금, 여기에서 본다) (현암사, 2003년) 로 출간.

8 샤촨차이(夏傳才), 《논어강좌》, 광시사범대학출판사, 2007.

9 펑리사(馮麗莎) 편저, 《논어에 담긴 64가지 삶의 깨달음》, 중국상업출판사, 2008年版.

10 둥팡차오(東方橋), 《논어 읽기 방법론》, 상하이서점출판사, 2007.

나는 매일
공자와 함께
출근한다

친절한 공자의 인생독경

●
●

초판 1쇄 인쇄 2015년 02월 23일
초판 1쇄 발행 2015년 03월 06일

지은이 한장쉐
옮긴이 이주엽
펴낸이 박영철
펴낸곳 오늘의책

책임편집 김정연
디자인 송민기

주소 121-894 서울 마포구 잔다리로7길 12 (서교동)
전화 070-7729-8941~2 팩스 031-932-8948
이메일 tobooks@naver.com
블로그 blog.naver.com/tobooks

등록번호 제10-1293호(1996년 5월 25일)

ISBN 978-89-7718-378-0 03320